Arena-Taschenbuch
Band 2877

Achim Bröger,
geboren 1944, arbeitete elf Jahre teilzeitbeschäftigt in einem
Schulbuchverlag und schrieb in seiner Freizeit. Seit 1980 ist er
hauptberuflicher Autor und schreibt neben Büchern auch
Hörspiele, Theaterstücke und Drehbücher für das Fernsehen.
Seine Bücher wurden in fünfzehn Sprachen übersetzt und mit
verschiedenen Preisen ausgezeichnet. So erhielt er 1987 den
Deutschen Jugendliteraturpreis, Sparte Kinderbuch.

Von Achim Bröger sind als Arena-Taschenbuch erschienen:
Flockis Abenteuer (Band 1901)
Pizza und Oskar (Band 2001)
Pizza und Oskar gehen zur Schule (Band 2080)
Hand in Hand (Band 2542)
Schön, dass es dich gibt (Band 2546)

Sabine Kraushaar,
geboren 1972, verwirklichte nach dem Grafikstudium an der
Akademie der bildenden Künste in Maastricht ihren
Kindheitstraum und wurde Illustratorin. Seit 1995 ist sie
selbstständig und hat sich ganz auf Kinderbücher spezialisiert.

Achim Bröger

Moritz entdeckt einen Stern

und andere Vorlesegeschichten mit Moritz

Mit Bildern von
Sabine Kraushaar

Auf der Auswahlliste
zum Jugendliteraturpreis

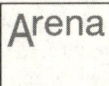

Arena

In neuer Rechtschreibung

1. Auflage als Arena-Taschenbuch 2003
© 1998 by Arena Verlag GmbH, Würzburg
Alle Rechte vorbehalten
Umschlag- und Innenillustration: Sabine Kraushaar
Gesamtherstellung: Westermann Druck Zwickau GmbH
ISSN 0518-4002
ISBN 3-401-02877-4

Inhalt

Moritz lernt das Schwimmen

Moritz, seine Mutter und noch mindestens fünftausend andere Menschen sind in der Badeanstalt. Moritz soll nämlich schwimmen lernen. Er möchte das so gut können wie sein Vater.

Damit er das Schwimmen lernt, hat er Schwimmflügel bekommen. Das sind bunte Gummidinger, die legt Moritz um den Arm, dann bläst seine Mutter sie auf. »Damit geht das Schwimmen ganz leicht«, hat der Verkäufer gesagt. Bei Moritz geht das gar nicht ganz leicht, obwohl seine Mutter neben ihm im Wasser steht und ihn am Bauch festhält. Aber das kitzelt den Moritz. Und wenn er gekitzelt wird, kann er nur lachen und nicht schwimmen.

»Die Beine musst du wie ein Frosch bewegen«, erklärt seine Mutter. Leider fühlt sich Moritz als Moritz und nicht als Frosch.

Die anderen Kinder im Becken hüpfen herum, dass die Wellen hochschwappen. Moritz spuckt Wasser. Als ihn dann seine Mutter schon wieder am Bauch kitzelt, schimpft er: »Hier werde ich gekitzelt und hier lerne ich nur das Wasser schlucken. Und das kann ich schon lange. Ich will raus!«

Draußen legt sich Moritz neben seine Mutter auf die Decke. Sie liest. Moritz lehnt sich an sie. Er sieht seine Schwimmflügel an. Dann sieht er den Vögeln nach und da hat der kleine Moritz eine Idee. Es ist bestimmt falsch, dass ich mit Schwimmflügeln das Schwimmen lerne, fällt ihm ein. Flügel sind zum Fliegen da. Also sollte ich das Fliegen lernen.

Und jetzt denkt sich Moritz genau aus, wie das ist, wenn er das Fliegen mit Schwimmflügeln lernt. Natürlich würde er hier nicht einfach losfliegen. Bevor er so etwas wagt, möchte er das ohne Zuschauer üben. Er würde warten, bis sie zu Hause sind und seine Mutter einkaufen geht.

Da ist er dann endlich allein mit seinen Schwimmflügeln. Schnell klettert er auf den Esstisch und springt hinunter. Aber nicht einfach so. Beim Springen bewegt er die Arme mit den bunten Flügeln wie ein Vogel. Und als er gleich nach dem Abspringen immer noch nicht auf dem Fußboden gelandet ist, öffnet er seine Augen.

Unter sich sieht Moritz den Esstisch. Ich fliege wirklich, denkt er. Dann schreit er das ganz laut: »Ich fliege!« Vor Freude dreht der Moritz drei Kurven um die Wohnzimmerlampe. Das ist so, als würde ich durch die Luft schwimmen, fällt ihm ein. Ich kann also doch schwimmen und sogar noch viel toller als die anderen.

Als er seine Mutter an der Tür hört, steigt er auf den Schrank. »Komm runter«, sagt sie, als sie ihn da oben sieht. Moritz gehorcht sofort und springt mit Hechtsprung vom Regal. Und weil das Kurvenfliegen solchen Spaß macht, umkurvt er seine Mutter.

Nach der vierten Runde hat sie sich von ihrem Schrecken erholt. In der fünften ruft sie: »Lass das, mir wird schwindlig!« Dann schließt sie schnell das Fenster, damit er nicht rausfliegt. »Ich hätte Angst, dass du abstürzt«, sagt sie.

»Lass mich bitte raus«, bettelt er und fliegt in ihre Arme. »Ich will doch den großen Moritz überraschen und ihn abholen, wenn er nach Hause geht. Ich bin auch ganz vorsichtig.«

Der Moritz verspricht dazu noch, dass er auf keinen Fall höher als zwei Meter fünfzig fliegen wird. Na, und da gibt seine Mutter nach. »Ausnahmsweise«, seufzt sie. »Aber am liebsten möchte ich dich mit einem großen Einkaufsnetz begleiten. Wenn du dann doch mal abstürzt, könnte ich dich darin auffangen.«

Mein Vater wird staunen, dass ich fliegen kann, stellt sich Moritz vor. Ganz normal geht er die Straße hinunter. Erst in einer Nebenstraße legt er seine Flügel an und dann geht's los. Elegant umkurvt Moritz die Mülltonnen. Als er nach links abbiegen will, streckt er seinen linken Arm aus. Ganz eng saust er um die Hausecke. Im letzten Augenblick überfliegt er eine Frau, die von der anderen Seite genauso eng um die Ecke kommt. Flach überfliegt Moritz die Schrebergärten. Die Spitzen der Apfelbäume kitzeln seinen Bauch. »Wie meine Mutter vorhin in der Badeanstalt«, kichert er vor sich hin.

Ein kurzsichtiger Gärtner ruft zu ihm hinauf: »Was ist denn das für ein komischer Vogel?«

»Ich bin's!«, ruft der Moritz. »Und was heißt hier komischer Vogel? Gleich lasse ich dir was auf den Hut fallen.«

Lachend fliegt Moritz bis in den Park. Dort landet er auf einem dicken Ast, einige Meter über dem Fußweg. Und da oben wartet er auf seinen Vater. Als der unter ihm steht, pfeift Moritz. Sein Vater sieht nach links, dann nach rechts. Aber er sieht den Moritz nicht. »Hier oben bin ich«, ruft der jetzt. Endlich hebt der große Moritz den Kopf. »Wie kommst du denn da hinauf?«, ruft er verblüfft.

»So«, antwortet Moritz und bewegt seine Flügel.

»So?«, wundert sich sein Vater und bewegt die Arme auch. Und dann ruft er entsetzt: »Was machst du denn?«

Moritz springt nämlich einfach vom Ast. Schnell fliegt er eine Kurve um seinen Vater und sagt: »Fang mich auf.« Dann landet er in den ausgestreckten Armen seines Vaters.

»Hallo!«, sagt der kleine Moritz. »Ich will dich abholen. Hier bin ich.«

»Aber wieso fliegst du?«

»Kann ich eben. Du kannst schwimmen, ich kann fliegen. Ist eigentlich ganz einfach, das Fliegen. Man schwimmt durch die Luft. Willst du es lernen?«

Und wie das der große Moritz will. »Aber ich stell mich bestimmt dumm an«, befürchtet er. Deswegen gehen der kleine Moritz und sein großer Vater Hand in Hand über die Wiese. Sie verschwinden hinter einem großen Busch. Dort können sie ungestört üben.

Der kleine Moritz hält die Aktentasche und ruft: »Kräftig mit den Flügeln schlagen!« Sein Vater versucht das auch. Aber obwohl er jetzt die Schwimmflügel trägt, klappt das Fliegen nicht. Er schlägt wild mit seinen Armen. Immer wieder hopst er hoch, bis er rot im Gesicht ist. Da lässt er die Arme sinken und meint prustend: »Ich bin einfach zu schwer. Ich schaffe es nicht.«

»Schade«, sagt Moritz und gibt seinem traurigen Vater die Aktentasche zurück. »Aber dafür kannst du schwimmen, sogar auf dem Rücken«, tröstet er ihn. »Einer von uns kann prima schwimmen, der andere prima fliegen.« Und dann sagt er noch: »So viel können eigentlich die wenigsten zusammen.«

Da nickt der große Moritz und sie gehen Hand in Hand nach Hause.

Der Moritz auf der Wiese im Schwimmbad will sich jetzt nichts mehr zu seiner Geschichte ausdenken. So, wie sie ist, mag er sie.

Er stupst seine Mutter an und sagt: »Ich hab mir eine Geschichte ausgedacht. Soll ich sie dir erzählen?«

Seine Mutter nickt. Der Moritz kuschelt sich an sie. Sie ist ganz warm von der Sonne. Und dann erzählt der Moritz seiner Mutter, was er sich eben ausgedacht hat.

Moritz und sein Vater
können nicht einschlafen

Die Mutter von Moritz ist mit der Eisenbahn zu einer Freundin gefahren, die sie unbedingt mal wieder sehen wollte. Und deswegen hat heute der Vater die Einschlafgeschichten vorgelesen.

Danach liegt der kleine Moritz hellwach und allein in seinem dunklen Zimmer und denkt über die Geschichten nach.

In einer ist ein Männchen vorgekommen. Wie hat das nur geheißen?

Da klopft's am Fenster. Moritz steht auf und öffnet es.

»Du willst wissen, wie ich heiße?«, fragt ein kleines Männchen, das auf der obersten Sprosse einer Leiter steht und höflich seine Zipfelmütze zieht. »Mein Name ist Sandmann.«

»Schön, dass du vorbeikommst«, freut sich Moritz. Das Männchen streicht sich durch den langen Bart und klettert über das Fensterbrett ins Zimmer. Nicht mal so groß wie Moritz ist es. Es hat einen grauen Kittel an und eine dicke Brille vor den Augen.

»Da ist wohl der Schlafsand drin?«, erkundigt sich Moritz und zeigt auf den Sack, den der Sandmann in die Ecke stellt.

»Das ist bloß der ganz feine Sand«, erklärt er. »Unten liegen noch drei Säcke mit anderen Sorten. Die hole ich jetzt, sonst klaut sie mir einer.«

»Ich helfe dir«, sagt der kleine Moritz und zieht seine Hausschuhe an.

»Psst«, macht der Sandmann. »Wir müssen leise sein, denn der Schlaf soll heimlich gebracht werden. Ich bin übrigens Sandmann Nummer drei und sorge für den Schlaf von eintausendzweihundertdreiundzwanzig Menschen in dieser Gegend.«

Er schleppt den Sand die Leiter hoch. Moritz stellt die vier Säcke nebeneinander auf den Fußboden und fragt: »Warum brauchst du unterschiedlichen Sand?«

»In diesem Sack ist der für den normalen Schlaf«, erklärt das Männchen und wischt sich den Schweiß von der Stirn. »Links und rechts ein Sandkorn ins Auge und man schläft normalerweise ein. Bei manchen Menschen muss ich allerdings zwei oder drei Sandkörnchen nehmen. Daneben liegt der Sand für Leute, die nur sehr schwer einschlafen. Dicker, körniger Sand ist das. Sollte auch das mal nichts nützen, gibt's noch dickeren dunkleren Sand aus diesem Sack. Und in dem stecken ein paar besondere Dinge.«

»Ein schwieriger Beruf«, wundert sich der kleine Moritz. »Braucht man dazu Abitur?« Sein Vater hat ihm nämlich kürzlich erklärt, dass man für viele Berufe Abitur braucht.

»Nein«, antwortet der Sandmann lächelnd. »Man muss nur freundlich sein und geschickt natürlich auch. So . . . und jetzt kommt gleich dein Vater dran, mein schwierigster Fall. Er ist nämlich nicht gewohnt, ohne deine Mutter zu schlafen. Und deswegen bleibt er einfach wach. Du könntest mir eigentlich beim Tragen helfen. Die Säcke sind ziemlich schwer.«

Wie Einbrecher schleichen die beiden über den Flur und schleppen kleine Sandsäcke.

»Dein Vater darf uns auf keinen Fall sehen und hören«, flüstert das Männchen. »Er erschrickt sonst und kann dann überhaupt nicht einschlafen.«

Heimlich, ganz heimlich öffnet der Sandmann die Schlafzimmertür.

»Warte hier«, flüstert er und lässt sie einen Spalt offen. Mit einigen feinen Sandkörnern huscht das Männchen durchs Schlafzimmer zum Bett. Moritz sieht das alles ganz genau. Und dann hört er seinen Vater: »Was soll denn das? Was machst du an meinen Augen? Bist du's, kleiner Moritz?«

»Nein«, flüstert das Männchen. »Ich bin's, Herr Moritz, der Sandmann. Warum schlafen Sie denn immer noch nicht? Sie wissen doch genau, dass Sie morgen sehr früh aufstehen müssen.«

»Sie haben Recht, Herr Sandmann«, gibt der große Moritz zu. »Ich müsste schlafen, aber ich kann nicht.«

»Nur keine Aufregung«, flüstert der Sandmann mit leiser, freundlicher Stimme. »Ich hole Spezialsand. Gleich bin ich wieder zurück.« Das Männchen huscht zum kleinen Moritz und sagt: »Gib mir bitte eine Hand voll von den dickeren Sandkörnern.« Und schon ist er wieder im Schlafzimmer.

»So«, hört der kleine Moritz, »jetzt ein paar Körner ins linke Auge und rechts auch ein paar. Schön stillhalten! Schon erledigt. Na, werden wir müde?«

»Überhaupt nicht«, antwortet der große Moritz. »Ist auch kein Wunder. Man kann ja nicht schlafen, wenn dauernd ein Fremder mit Sand durchs Schlafzimmer rennt.«

Einen Augenblick ist der Sandmann still. Dann sagt er etwas beleidigt: »Ich bringe Schlaf. Das ist meine Aufgabe. Sie sollten mir dafür dankbar sein.«

Mit seiner kleinen Taschenlampe leuchtet er den großen Moritz an.

»Sie blenden mich«, beschwert der sich.

»Gleich werden Sie schlafen«, verspricht das Männchen mit seiner freundlichsten Stimme und rennt
auf den Flur hinaus zum kleinen Moritz.

»Dein Vater ist ein harter Brocken«, stöhnt er ihm ins
Ohr. »Gib mir bitte den stärksten Sand.«

»Stillhalten«, hört der kleine Moritz gleich darauf aus
dem Schlafzimmer. »Schön die Augen schließen. Und
jetzt wollen wir einschlafen, Herr Moritz.«

»Ich will schon. Aber ich krieg nicht mal die Augen
zu«, beklagt sich der große Moritz. »Der Sand drückt.
Die Körner sind zu groß. Ich kann heute einfach nicht
einschlafen. Lassen Sie mich bitte in Ruhe, Herr
Sandmann. Sie haben mir schon fast einen Sack Sand
ins Gesicht geschüttet. Das ganze Bett knirscht davon. Und was hat es genützt?«

»Nichts«, gibt der Sandmann zu und leuchtet den großen Moritz noch mal an.

Aufrecht, hellwach und mit verwuschelten Haaren sitzt er in seinem Bett. Der kleine Moritz sieht seinen Vater ganz deutlich durch den Türspalt.

»Ich muss weitermachen, Herr Moritz«, sagt der Sandmann. »Hier ist es. Dienstanweisung für Sandmänner . . . Man darf den Schläfer erst dann verlassen, wenn er wirklich tief und fest schläft. Schlafen Sie tief und fest?«

»Nein«, sagt der große Moritz, »leider nicht.« Da rennt das Männchen zum kleinen Moritz und holt eine Spraydose aus dem vierten Sack. »Die praktische Sprayflasche mit Superschlafschaum«, flüstert es ihm ins Ohr. »Hab ich noch nie probiert. Aber es wäre doch gelacht, wenn dein Vater jetzt nicht einschlafen würde.«

Schon verschwindet es wieder im Schlafzimmer. »Sooo«, sagt es leise. »Hier haben wir was ganz Tolles. Das werde ich Ihnen jetzt schön in die Augen sprühen . . .«

»Kommt nicht in Frage«, protestiert der große Moritz. »Ich lass mir auf keinen Fall irgendwelches Zeug in die Augen sprühen.«

»Meinetwegen«, stöhnt der Sandmann. »Dann singe ich eben Schlaflieder.«

Gegen das Schlafzimmerfenster sieht der kleine Mo-
ritz, wie sich das Männchen auf die Bettkante setzt.
Und dann singt es Schlaflieder, die sehr schön klingen. Der große Moritz hört ganz ruhig zu. Und als der
Sandmann dann auch noch »Schlaf, Kindlein, schlaf«
singt, ist es mucksmäuschenstill im Schlafzimmer.
»Psst«, flüstert er. »Wir haben es geschafft. Er schläft
endlich.«
Da hören sie ganz deutlich die Stimme vom großen
Moritz. »Sie haben wunderbar gesungen«, sagt er.
»Aber ich überlege die ganze Zeit, warum ich trotzdem nicht einschlafe. Vielleicht liegt es an dem letzten Lied. Sie haben ›Schlaf, Kindlein, schlaf‹ gesungen. Ich bin kein Kindlein mehr. Wahrscheinlich
schlafe ich deswegen bei solchen Liedern nicht ein.«
Das Männchen wird immer aufgeregter, denn es hat

keine Zeit mehr. Es verlangt jetzt: »Sie sollen endlich schlafen!«

»Gerne«, sagt der große Moritz, »aber vorher muss ich mein Bett machen. Da liegen nämlich Unmengen von Sand drin, die ein gewisser Herr Sandmann verstreut hat. Das knirscht, als hätte ich einen Zentner Kekse im Bett zerkrümelt.«

Der Sandmann zieht die Schlafzimmertür zu und knirscht auch . . . mit den Zähnen. Und er flüstert Moritz ins Ohr: »Dein Vater ist bestimmt nett. Aber morgen lasse ich mich in eine andere Straße versetzen. Der große Moritz raubt mir nämlich den letzten Nerv.«

Betrübt setzt er sich auf einen Sandsack und zieht die Mütze vom Kopf. Dann sagt er mit müder Stimme: »Ich bin bestimmt ein tüchtiger Sandmann. Ich habe schwachen, starken und sehr starken Sand genommen. Ich habe deinem Vater gut zugeredet und ihm etwas vorgesungen. Schlafspray will er nicht. Mir fällt nichts mehr ein.«

Gähnend sitzt der Sandmann im dunklen Flur. Und dann sinkt ihm ganz plötzlich der Kopf auf die Brust. »Nicht einschlafen«, flüstert der kleine Moritz noch und stupst ihn. Aber der Sandmann Nummer drei sitzt auf seinem Sandsack und schnarcht leise vor sich hin. Moritz schleppt ihn in sein Zimmer. Dort legt er ihn ins Bett und deckt ihn zu.

Dann geht er ins Schlafzimmer. »Du«, sagt der kleine Moritz zum großen ins dunkle Zimmer.

»Was ist denn?«, fragt der große Moritz.

»Ich kann nicht einschlafen.«

Zuerst antwortet der große Moritz nicht. Dann sagt er: »Ich auch nicht. Ich stehe noch mal auf und trinke eine Flasche Bier. Komm doch mit in die Küche.«

Die beiden setzen sich an den Küchentisch. Der große Moritz schenkt Bier ein und der kleine leckt den Schaum ab. »Und jetzt rufen wir sie an«, schlägt der große Moritz vor. Der kleine Moritz weiß sofort, wen sie anrufen wollen. Gleich darauf hört er auch schon die Stimme seiner Mutter, die in einer anderen Stadt und einer anderen Wohnung am Telefon steht.

»Ich bin's«, meldet sich der kleine Moritz.

»Warum schläfst du denn nicht?«, fragt sie.

»Ich kann nicht«, antwortet er. »Und der große Moritz ist auch noch wach. Der ist nämlich nicht gewohnt alleine zu schlafen. Deswegen lege ich mich nachher zu ihm ins Bett. In meinem schläft der Sandmann. Der ist sehr müde, weil er sich beim großen Moritz so anstrengen musste.«

»Am liebsten würde ich mich in den Zug setzen, nach Hause fahren und mich zu euch legen«, sagt seine Mutter ins Telefon. »Ich kann nämlich auch nicht einschlafen. Das ist alles so anders hier.«

Jetzt sagt der große Moritz noch einiges. Dann ist es still im Flur, wo das Telefon steht. Und die zwei Moritze legen sich ins Bett. »Gute Nacht«, wünscht der kleine, »und nicht vergessen, morgen früh musst du den Sandmann wecken, damit er nicht verschläft.« »Mach ich«, sagt sein Vater. »Schlaf gut.« Der kleine Moritz fasst den großen an der Hand. Und bevor er noch etwas erzählen kann, ist er schon eingeschlafen.

Moritz mit Beulen

Moritz steht in der Küche. Er sieht zu seiner Mutter und seinem Vater hinauf. Die beiden geben sich einen Abschiedskuss, weil Vater gleich zur Arbeit gehen muss. Dabei übersehen sie Moritz völlig, so klein ist er.

Klein sein findet Moritz schlecht, weil man zu allen hinaufsehen muss. Es wäre toll, wenn er so groß oder noch größer als sein Vater wäre. Dann könnte er »Na, du Kleiner« zum großen Moritz sagen. Und das macht bestimmt Spaß.

Als er gerade so weit gedacht hat, sagt sein Vater zu ihm: »Ich muss jetzt zur Arbeit. Also dann bis heute Abend, kleiner Moritz.«

Jetzt kümmert sich auch die Mutter wieder um ihn und sagt: »Vergiss dein Pausenbrot nicht!« Moritz nickt, nimmt seine Schultasche und geht zur Schule.

Auf dem Schulweg passiert nichts, gar nichts. Deswegen denkt sich der Moritz etwas aus.

Erst mal denkt er sich aus, dass er gegen einen Laternenpfahl läuft, obwohl das wehtut. Aber er weiß schon, warum er gerade gegen so was Hartes läuft. Davon hat er jetzt nämlich zwei tolle Beulen am Kopf. Und mit den Beulen geht er nicht zur Schule, sondern nach Hause.

Irgendwas stimmt nicht mit den Beulen. Die hören nicht auf zu wachsen. Und als die Familie beim Abendessen sitzt, streicht ihm seine Mutter über den Kopf und meint: »Ich glaube, dem Moritz wachsen Hörner auf der Stirn.«

So ist es wirklich. Dem Moritz wachsen Hörner auf der Stirn. Sogar der Doktor sagt: »Die Dinger auf deinem Kopf sind spitz und sie sind aus Horn. Klar, das sind Hörner. Man könnte sie absägen.«

Moritz will seine Hörner aber behalten. Mit denen hat er noch allerhand vor. Deswegen schüttelt er entsetzt den Kopf.

»Na gut«, sagt der Doktor zur Mutter von Moritz, »dann schmieren Sie Salbe drauf. Vielleicht helfen auch kalte Umschläge. Außerdem darf der kleine Moritz nicht zur Schule.«

Aber die kalten Umschläge und die Salbe helfen nicht. Im Gegenteil, die Hörner werden immer größer. Bald sagen die Eltern: »Das sind keine Hörner mehr, das ist ja schon fast ein Geweih.«

Der kleine Moritz reibt sich zufrieden die Hände und

stellt fest: »Das Geweih wächst.« Wenn er jetzt neben seinem Vater geht, reicht dem die höchste Geweihspitze schon bis zur Schulter. Und damit ist der kleine Moritz jetzt fast so groß wie sein Vater, der große Moritz.

Mit hoch erhobenem Kopf stolziert Moritz durch die Wohnung. Er wünscht sich jetzt sehr, dass das Geweih noch ein Stück wächst, vielleicht noch dreißig Zentimeter. Seine Mutter schreibt der Lehrerin inzwischen einen Brief. »Liebe Lehrerin, leider kann der Moritz nicht zur Schule, weil er ein Geweih am Kopf hat«, steht auf dem Papier. Dann findet sie das doch zu seltsam und schreibt: »Der Moritz kann nicht zur Schule kommen, weil er was am Kopf hat.« Das klingt nicht ganz so komisch. Und es stimmt trotzdem.

»Mein armer Junge«, sagt sie zum stolzen, ziemlich großen Moritz und streicht über seinen Kopf.

Aber der meint: »Bin gar nicht arm. Ich will auch wieder zur Schule.«

Moritz verrät nicht, dass sein Geweih noch ein Stück gewachsen ist. Sicher sieht er jetzt schon genauso groß wie sein Vater aus. Und damit ist der kleine Moritz eigentlich ein großer Moritz.

»Hoffentlich ärgern ihn die Kinder in der Schule nicht. Mit den Dingern auf dem Kopf sieht er ja wirklich ungewöhnlich aus«, sagt Frau Moritz.

Klar, die Kinder versuchen es, ihn zu ärgern. Aber Moritz senkt seinen Kopf und rennt hinter dem her, der ihn am meisten ärgert. Und das ist immerhin einer aus der vierten Klasse. Der muss laufen, so schnell er kann, damit ihm der Moritz nicht die Spitzen seines Geweihs in den Po pikt. Aber der rennt nicht nur, der schreit auch. »Hilfe, der gefährliche Moritz ist hinter mir her!«

Natürlich ist der Moritz normalerweise sehr vorsichtig mit seinen Geweihspitzen. Eine Zeit lang steckt er sich sogar Tennisbälle daran, damit er niemanden aus Versehen pikt.

Wenn Moritz jetzt in die Straßenbahn einsteigt, machen die Leute Platz. »Vorsichtig!«, heißt es. »Der Moritz kommt!« Auch die größten Jungen laufen davon, wenn er seinen Kopf ein bisschen senkt. Obwohl er bis vor kurzem doch nur ein kleiner Junge war. Zum Friseur muss er übrigens nicht mehr. Der schimpft jetzt noch, weil er seine Schere am Geweih von Moritz stumpf geschnitten hat. Besonders neidisch sind die anderen Kinder darauf, dass der Moritz seine Schultasche am Geweih trägt.

Und dann sagt er eines Tages beim Frühstück zu seinem Vater: »Guten Morgen, kleiner Moritz.« Erstaunt sieht der ihn an und holt dann ein Maßband. Damit messen sie sich und stellen fest, dass der Moritz mit Geweih zwei Zentimeter größer ist als sein Vater.

»Nicht traurig sein, Kleiner«, tröstet Moritz seinen Vater und klopft ihm auf den Rücken. »Vielleicht wächst du ja noch.« Aber der ist dreiunddreißig Jahre alt. Deswegen schüttelt er den Kopf und sagt zu seinem Sohn: »Ne, Moritz, in meinem Alter wachse ich nicht mehr. Aber ich finde es trotzdem gut, dass du so groß bist. Weil du das bist, kannst du mir jetzt immer helfen . . . und vor allem gegen welche, die größer sind als ich.«

Moritz verspricht seinem Vater, dass er ihm helfen will. Sie sind ja jetzt beide richtig groß. Da soll nur einer kommen. Sie brauchen vor niemandem mehr Angst zu haben. So groß und dann noch zu zweit schafft man bestimmt alles sehr gut.

Weil der Moritz seine Geschichte jetzt am schönsten findet, hört er auf sie sich weiter auszudenken. Deswegen ist sie genau hier zu Ende. Am Mittag will er das alles unbedingt seinen Eltern erzählen. Aber vorher muss er noch in die Schule.

Moritz malt ein Strichmännchen

Der kleine Moritz sitzt am Wohnzimmertisch und weiß nicht, was er tun soll. »Mal doch was«, schlägt seine Mutter vor. Weil er den Vorschlag gut findet, holt er sich einen Stapel Papier, Filzstifte, den Bleistift, Pinsel, Wasser und viele Farben.

Moritz malt ein Strichmännchen. Seine Mutter findet das langweilig und fragt: »Fällt dir nichts anderes ein?«

»Wieso denn? Strichmännchen sind ganz toll«, meint der kleine Moritz.

»Dann will ich dich und dein tolles Strichmännchen nicht mehr stören«, sagt sie. »Ich muss noch Wäsche waschen.«

Jetzt ist Moritz mit seinem Bild allein im Zimmer. Weil ihm das Strichmännchen gefällt, malt er ihm eine Sprechblase. In der steht: »Ich bin nicht langweilig. Ich bin sogar besonders schön.«

Noch schöner wäre natürlich, wenn es richtig lebendig sein könnte, überlegt Moritz. Das denkt er aber nicht nur so ein bisschen vor sich hin. Er wünscht sich das, sehr sogar. Dazu murmelt er: »Es soll lebendig sein.«

Daher wundert er sich auch gar nicht, als er aus dem Bild ein Geräusch hört. Wie der Husten eines Strichmännchens klingt es. Jedenfalls stellt sich Moritz vor, dass Strichmännchen so klingen müssten. Ein bisschen raschlig und leise, irgendwie nach Papier.

Und weil das Männchen hustet, malt ihm Moritz einen Schal um den Hals. Dann dreht und wendet er das Bild. »Ist irgendwas nicht in Ordnung?«, erkundigt er sich. »Warum hustest du nur? Warum sprichst du nicht?«

Zwei vorwurfsvolle Punktaugen sehen ihm aus dem Bild entgegen. Und eine Strichhand zeigt auf einen Strichmund. Oder auf die Stelle, wo der Mund eigentlich sein müsste. Den hat Moritz nämlich viel zu klein gemalt. Ein winziger Strich ist das. Mit dem kann man nicht reden, höchstens ein bisschen husten.

»Tut mir Leid«, entschuldigt er sich. »Ich mal dir sofort einen passenden Mund.«

Gleich darauf hat das Strichmännchen einen sehr großen, sehr schwungvollen Mund. »Endlich kann ich reden«, sagt es mit lauter Stimme und spuckt die Sprechblase weg. Dann nimmt es den Schal ab, springt aus dem Bild und will wissen: »Bin ich wirklich schön genug?«

»Mhh«, murmelt der kleine Moritz unsicher. Das Männchen steht nämlich ein wenig wacklig und ziemlich dünn vor ihm auf dem Tisch. Im Bild sah es viel besser aus. Da passte es hin. Aber vielleicht findet es sich ja schön genug, hofft Moritz und holt einen Taschenspiegel.

Als er mit dem Spiegel zurückkommt, stolziert das Strichmännchen groß wie ein Bleistift über den Tisch. Es probiert seine Beine aus und schlenkert mit den Armen. Eigentlich humpelt es ziemlich, muss der kleine Moritz zugeben. Deswegen verlangt es auch: »Jetzt malst du erst mal mein linkes und mein rechtes Bein gleich lang. Dazu schön kräftig, damit ich schnell laufen kann. Und dann möchte ich an jeder Hand fünf Finger, nicht links vier und rechts sechs.«

Das klingt alles sehr laut und ziemlich unfreundlich.

»Kannst du nicht leiser sprechen?«, erkundigt sich der kleine Moritz.

»Kann ich nicht, mein Mund ist zu groß dafür«, antwortet es ihm.

Sofort malt Moritz jetzt alles so, wie es das Strichmännchen haben möchte. Gleich lange, kräftige Arme und Beine und genug Finger an jeder Hand.

Als sich das Strichmännchen im Spiegel sieht,
schimpft es schon wieder: »Was hast du mir denn da
für einen Bollerkopf gemalt? Ich will schön sein, das
schönste Strichmännchen überhaupt.«

»Dann bleib liegen«, sagt Moritz. »Ich will dich so
schön malen, wie ich das nur kann.« Er malt und
malt. Vor Anstrengung hat er einen roten Kopf. Das
Männchen wird wirklich schöner. Zum Schluss fragt
der kleine Moritz: »Wie wär's mit Haaren?«

»Aber wirklich Haare und nicht nur so ein paar Stum-
mel auf dem Kopf«, verlangt es.

Moritz malt Haare. Dann sagt er: »Jetzt bist du bestimmt schön genug.« Er freut sich sehr und er hofft sogar, dass ihn das Strichmännchen lobt. Wenigstens ein bisschen.

Aber das denkt nicht daran: »Weiß nicht, ob ich schön genug bin«, nörgelt es. »Schließlich gibt's hier nur mich als Strichmännchen. Mal noch eines. Dann weiß ich das. Aber ich will schöner sein und kräftiger als das neue.«

Sicher wäre ich auch nicht gern allein, stellt sich der kleine Moritz vor. Deswegen malt er schnell ein zweites Männchen. Ein kleineres, nicht so schönes und nicht so kräftiges.

Kaum ist das zweite lebendig, verlangt das erste: »Jetzt wird um die Wette gelaufen. Und zwar von hier bis dahin.« Das neue Männchen kommt überhaupt nicht zum Reden. Erst mal muss es um die Wette laufen. Natürlich verliert es. Dann muss es kämpfen und wieder verlieren. Jammernd liegt es auf dem Rücken. Das erste strahlt und prahlt: »Schöner bin ich, stärker bin ich und schneller bin ich auch. Hast du gut gemacht«, wird der kleine Moritz jetzt gelobt.

»Und du«, sagt das alte zum neuen Strichmännchen, »du darfst mein Diener sein. Wenn ich dich brauche, rufe ich dich.«

Schnell verschwindet das zweite im Bild. Stolz geht das erste auf dem Tisch herum. Dann bleibt es mit einem Ruck stehen und fragt: »Warum hast du was an und ich nicht? So nackt laufe ich nicht mehr herum. Mal mir einen Anzug.«

Vielleicht friert es, denkt der kleine Moritz. Es hat vorhin gehustet. Also malt er einen Anzug. »Ein prima Maßanzug ist das«, findet er, als er damit fertig ist.

»Das passende Hemd dazu!«, wird ihm befohlen. »Und Schuhe, Strümpfe, einen Hut. Mal alles, was man als Herr braucht. Warum hat die Hose keine Bügelfalte? Ich trage nur tadellos gebügelte Anzüge.«

Schließlich hat der kleine Moritz auch das geschafft. Einigermaßen zufrieden dreht sich das Strichmänn-

chen vor dem Spiegel hin und her und verlangt: »Stell mich auf den Teppich.«

Moritz beobachtet den bleistiftgroßen Herrn, der da unten herumstolziert. Der sieht gar nicht mehr wie ein Strichmännchen aus. Hab alles ich gemacht, denkt Moritz zufrieden. Da ruft es von unten: »Schön bin ich, kräftig und schnell genug auch. Jetzt habe ich Zeit für andere Dinge. Mach mir was zu essen. Gänsebraten will ich.«

Eigentlich ist das klar, denkt der kleine Moritz. Lebendige Strichmänner brauchen was zu essen. Leider kann Moritz nicht mal ein Suppenhuhn malen. Gänsebraten schafft er erst recht nicht. Als er es doch versucht, wird daraus ein Mittelding zwischen Gans und Floh. Völlig ungenießbar sieht das aus. »Eine Banane könnte ich dir malen«, bietet Moritz an.

»Muss ich eben Banane essen«, stöhnt es. Moritz überreicht das gelbe Ding. Der kleine Herr beißt hinein und schreit los: »Die ist ja nicht reif! Wehe, du machst das noch mal! So . . . und jetzt will ich Milch, eine reife Banane und Äpfel. Einen großen roten Pudding wirst du ja wohl schaffen, Bratwürste sind auch leicht zu malen. Dazu eine Bockwurst, Schokolade und Schinken.«

Moritz malt und malt, ohne aufzusehen. »Schneller!«, wird er angefeuert. »Das möchte ich größer, das auch. Das ist nicht schön genug«, hört er. »Noch eine Bratwurst. Die war sehr gut, aber bitte mit Senf.«

»Ich will Möbel«, sagt der kleine Herr jetzt. Und Moritz malt ein ganzes Zimmer voller Möbel. Das Männchen stolziert auf dem Blatt herum und gibt Anweisungen. »Diesen Stuhl etwas bequemer. Hier malst du einen Tisch hin.«

So gut er kann, malt Moritz das alles. »Na ja«, meint das Männchen dazu, »man muss mit dem zufrieden sein, was man so bekommt.« Dann setzt er sich zur Probe auf den Stuhl, legt sich ins Bett und öffnete eine Schranktür.

»Die quietscht«, beschwert er sich. »Sofort malst du Öl dazu! Wenn du damit fertig bist, wünsche ich ein passendes Haus zu den Möbeln. Und weil ich ein Herr bin, will ich ein herrschaftliches Haus und keine popelige Hundehütte.«

»So ein großes Stück Papier habe ich nicht«, sagt Moritz.

»Dann kleb zwei Blätter nebeneinander«, hört er. Moritz klebt und malt, obwohl er immer weniger Lust hat, etwas für diesen komischen, kleinen Herrn zu tun.

Als das Haus fertig ist, beschwert der sich schon wieder. Und weil sich der kleine Moritz darüber ärgert, lässt er einfach einen Teil vom Dach offen. Auch die

Sonne, die er schon fertig hat, übermalt er. Dafür malt er Regenwolken. Der kleine Herr stolziert herum und merkt gar nichts davon. »Endlich ist mein Haus fertig. Wird ja auch Zeit«, sagt er. Dann öffnet er die Tür und ist verschwunden.

Schnell pinselt Moritz Regen auf das Blatt. Gleich darauf rennt der kleine Herr aus dem Haus. »Schlamperei!«, schimpft er. »Da regnet es durchs Dach. Mal es dicht!«

»Mach ich nicht«, sagt Moritz da zum ersten Mal.

»Sofort machst du das!«, befiehlt der kleine Herr.

Moritz schüttelt den Kopf und sagt jetzt: »Ich tue gar nichts mehr für dich, wenn du nicht freundlicher wirst.«

Beleidigt geht der Kleine auf dem Tisch hin und her. Plötzlich bleibt er mit einem Ruck vor einer Zeitschrift stehen. Und dann schimpft er los: »Du hast mich betrogen!«

Auf der Zeitschrift sieht man einen Mann. »Der ist schöner als ich« schimpft der Kleine. »Du hast mich nicht schön genug gemalt. Kräftiger und schneller ist der bestimmt auch. Du hast mich betrogen!« Jammernd und zeternd steht er da. Dann rennt er in sein Haus und wirft die Tür hinter sich zu.

»Ich hab dich so gut gemalt, wie ich das kann«, sagt der kleine Moritz. »Besser schaffe ich es nicht.« Aber aus dem Haus hört er nur empörtes Heulen. Und weil das den Moritz ärgert, malt er noch mehr Regen auf das Blatt. Aufgeweicht und zerlaufen, kommt der kleine Herr aus dem Haus. »Mal mich schöner als den da«, befiehlt er mit weinerlicher Stimme. »Außerdem habe ich vor lauter Aufregung Hunger. Mal mir was zu essen! Was Warmes zu trinken will ich auch. Und vor allem malst du mir ein ordentliches Dach.«

Irgendwie hat Moritz Mitleid mit dem Strichmännchen. Es steht so jämmerlich da. Deswegen fängt er wieder mit dem Malen an. »Schneller! Schneller!«, hört er. »Mal bunter, mal schöner!«, ruft es. Da stößt der kleine Moritz vor lauter Hast den Wassertopf um. Wasser läuft über das Papier. Farben zerfließen, alles weicht auf. Blass und dünn sind die Striche der Männchen geworden. Die Farben fließen ineinander. Das Haus, die Möbel, der Garten, alles ist ein großer Farbfleck. Moritz zerknüllt sein Blatt und wirft es in den Papierkorb. Eigentlich ist er froh, dass das Strichmännchen verschwunden ist. Als er zu seiner Mutter in die Küche geht, fragt sie: »Wie geht's deinem Strichmännchen?«

»Nicht so gut«, antwortet er und erzählt, wie das Strichmännchen war und wo es jetzt ist. Sie hört zu und bestreicht ein Butterbrot mit Nugatcreme für ihn. Er beißt hinein und dann erzählt er weiter.

Moritz wird unsichtbar

Schade, dass der große Moritz erst abends nach Hause kommt, denkt der kleine Moritz. Deswegen kann ich tagsüber gar nicht mit ihm spielen. Und weil er das unbedingt will, denkt sich der kleine Moritz den großen Moritz einfach ins Zimmer. Schwupp, da steht er mittendrin und sagt: »Psst, eigentlich darf ich nicht zu Hause sein, denn in der Firma hab ich viel zu tun.«

»Bist aber trotzdem hier, und das ist schön«, freut sich der kleine Moritz.

Sein Vater freut sich mit ihm und fragt: »Was wollen wir machen?«

»Auf dem Kopf stehen und lachen!«, schlägt Moritz vor.

Aber das ist kein gutes Spiel für seinen Vater, denn der fällt dabei um. »Eigentlich müsste ich unsichtbar sein, damit niemand sieht, dass ich hier bin«, sagt er. »Kann man das auch spielen?«

»Klar«, meint der kleine Moritz, »wir spielen unsichtbar werden.« Er holt einen großen Radiergummi und erklärt: »Damit kann ich dich einfach wegradieren. Ist nämlich ein Allesradierer. Zieh mal Schuhe und Strümpfe aus. Zur Probe möchte ich erst mal deinen kleinen Zeh unsichtbar machen.« Vorsichtig radiert er am nackten Zeh seines Vaters. »Tut's weh?«, fragt er. Aber den kitzelt das nur und er kichert. Dann staunt er . . . denn da sieht er keinen Zeh mehr, der ist einfach wegradiert.

»Es klappt!«, freut sich der kleine Moritz.

Und der große Moritz lacht und meint: »Nicht so auf-drücken . . . meine Fußsohle . . . da bin ich unheim-lich kitzlig. Unsichtbar werden habe ich mir längst nicht so lustig vorgestellt.«

Eifrig radiert der kleine Moritz. Und Stück für Stück verschwindet sein Vater. Dafür liegen Radiergummi-krümel auf dem Boden. Bis auf das Ohr ist er schon unsichtbar. »Das lassen wir stehen«, schlägt der klei-ne Moritz vor. »Dann kann ich dich wenigstens noch ein bisschen sehen.« Knapp einen Meter siebzig über dem Fußboden schwebt jetzt ein Ohr im Zimmer.

»Irgendwie fühle ich mich ganz leicht«, sagt der gro-ße Moritz. »Und ich sehe alles, kann reden, riechen und schmecken. Ich kann dich sogar mit meiner un-sichtbaren Hand anfassen.«

»Aua!«, ruft der kleine Moritz. »Nicht so fest!« Dann

bückt er sich zu seinen Füßen und radiert sich selbst weg. Nur seine Hand lässt er übrig und er sagt: »Jetzt sind wir fast unsichtbar, wir müssen was ganz Tolles machen. Leute ärgern oder Äpfel klauen, umsonst ins Kino gehen, irgendwas Tolles.«

»Erst mal sollten wir die Radiergummikrümel auf-kehren«, sagt der große Moritz. Während sie das tun, meint er: »Ich glaube, ich kann keine Äpfel klauen, ich bin doch erwachsen. Stell dir vor, man erwischt mich dabei.«

»Spielverderber!«, schimpft der kleine Moritz. »Es er-kennt dich doch niemand.«

»Weiß man's?«, fragt der kleine Moritz. »Ich hab ein auffallend schönes rechtes Ohr. Das erkennen die Leute bestimmt und dann heißt es: ›Der große Moritz ist fast unsichtbar und klaut Äpfel.‹ So was ist pein-lich für mich. Aber wir könnten vielleicht spazieren gehen und uns auf eine Bank setzen«, schlägt er vor.

Der kleine Moritz findet das langweilig. »Wenn ich schon mal unsichtbar bin, will ich auch was Spannen-des erleben«, sagt er. »Kannst dein Ohr ja verkleiden, großer Moritz, dann erkennt dich bestimmt niemand.«

Sie gehen jetzt einfach so los. Vielleicht wird der große Moritz unterwegs mutiger, hofft der kleine. Erst mal spazieren sie die Straße runter. »Siehst komisch aus«, sagt der große, fast unsichtbare Moritz zum kleinen.

»Selber komisch«, kichert der.

Niemand bemerkt sie, bis ihnen ein ernst aussehender Herr entgegenkommt und sich wundert: »Eine Hand, ganz allein und da . . . ein Ohr . . . ohne was drum herum. Aber ich höre Stimmen«, wundert er sich und geht auf das Ohr zu.

»Nicht dran ziehen«, sagt der große Moritz. »Das mag ich gar nicht.« Und er springt zur Seite. Dann stellt er sich vor: »Ich bin heute sozusagen ganz Ohr. Aber wir sollten uns schnell verabschieden. Moritz, gib dem Herrn die Hand.« Der kleine, fast unsichtbare Moritz verabschiedet sich. Dann winkt er dem ernsten Herrn noch kurz zu.

Sie sind erst ein paar Schritte gegangen, da hören sie Stimmen hinter sich: »Da vorne . . . ein verdächtiges Ohr! Stehen bleiben! Haltet es! Packt die Hand!« Schnell rennen die beiden weg. Immer mehr Leute laufen hinter ihnen her.

»Doofes Gerenne!«, schimpft der große Moritz. »So unsichtbar fällt man ja doch ziemlich auf.«

»Wir sind eben nicht unsichtbar genug!«, meint der kleine Moritz, während sie weiterlaufen.

»Nicht so schnell!«, ruft da eine freundliche, ältere Frau. »Was für ein hübsches Ohr. Und diese zierliche Hand. Schade, dass man so wenig von euch sieht. Was macht ihr denn?«

»Wir sind unsichtbar, jedenfalls fast«, antwortet der kleine Moritz.

»Und wir haben es eilig, denn wir laufen gerade davon.«

»Interessant!«, stellt die Frau fest und fragt: »Wie wird man bitte unsichtbar?«

»Einfach wegradieren, man fängt bei den Füßen an. Wir kommen mal und zeigen es Ihnen.« Aber jetzt haben sie überhaupt keine Zeit mehr, denn da sind die Stimmen schon wieder.

»Haltet das Ohr! Wo steckt die Hand?«

»Kommt mit zum Jahrmarkt«, sagt der kleine Moritz. »Dort können wir uns verstecken.« Gleich darauf ver-

schwinden sie zwischen den Buden und Zelten. Und
dort verkriechen sie sich in einem bunten Karussell-
wagen. Das ist ein prima Versteck. Da werden das
Ohr und die Hand von den fast unsichtbaren beiden
Moritzen völlig übersehen.

Runde für Runde fahren die beiden in dem Karussell-
wagen. Sie steigen einfach nicht aus. »Das habe ich
mir schon lange gewünscht«, sagt der kleine Moritz.
»Toll finde ich das. Und am tollsten ist, dass du jetzt
doch was Unerlaubtes tust. Hätte ich dir gar nicht zu-
getraut, erwachsen, wie du bist. Wir sind nämlich

schon achtzehnmal Karussell gefahren und du hast nicht einmal bezahlt.«

Da lacht der große Moritz, dass sein sichtbares Ohr wackelt, und meint: »Das ist mir heute ausnahmsweise mal egal. Schließlich bin ich nicht jeden Tag fast unsichtbar. Wenn man das schon ist, muss man's wenigstens ein bisschen ausnützen.«

Und weil sie jetzt schon ganz schön lange miteinander Unsichtbar spielen, denkt der kleine Moritz seinen Vater zurück ins Büro. Der hat da noch viel zu tun. Nun nimmt der kleine Moritz den Radiergummi und geht zu seiner Mutter, die groß und gut sichtbar im Flur steht. »Guck mal«, sagt er, »ich kann dich wegradieren, soll ich?«

Der kleine Moritz fängt damit an. Aber seine Mutter ist viel zu kitzlig. Deswegen hört er gleich auf und erzählt ihr lieber, was man erlebt, wenn man fast unsichtbar ist.

Moritz erlebt eine haarige Geschichte

In der Küche riecht es lecker nach Sonntagskuchen. Moritz steht neben seiner Mutter und findet, dass hier jetzt eigentlich nur noch sein Vater fehlt. Und deswegen fragt er: »Wo steckt er denn?«

»Er hat sich vorhin hingelegt«, sagt seine Mutter. Moritz geht los, um nachzusehen, ob er schläft. Eigentlich meint er, dass der große Moritz spielen und Quatsch machen, und nicht schlafen und schnarchen sollte.

Wenn sich der kleine Moritz jetzt hinlegen müsste, wäre das eine Strafe. Der große tut das sogar freiwillig. Seltsam.

Vorsichtig öffnet Moritz die Wohnzimmertür. Da liegt sein Vater auf dem Sofa und murmelt irgendwas. »Mhhh« oder so ähnlich. Komische Sonntagsgeräusche sind das.

Was mache ich bloß mit ihm?, überlegt der kleine Moritz. Wach kitzeln oder mich auf ihn setzen? Aber dann hat er doch Mitleid mit seinem müden Vater und lässt ihn weiterschlafen.

Jetzt dreht sich der große Moritz auf den Rücken. Mit geschlossenen Augen sieht er hinauf zur Zimmerdecke, obwohl da oben außer Decke nichts zu sehen ist. Dann macht er wieder »mhhh«. Und weil der kleine Moritz gar nicht wusste, was für interessante Geräusche sein Vater im Schlaf von sich gibt, holt er sich einen Stuhl und hört zu. Rasiert hat sich mein ziemlich fauler Sonntagsvater auch nicht, denkt er. Wie er wohl mit Bart aussehen würde?, überlegt Moritz und stellt sich das vor. Nicht schlecht, findet er. Ob ich ihm einen wachsen lasse? Nur so aus Spaß natürlich. Ich frag erst mal meine Mutter. Vielleicht mag sie keine Bärte. Aber sie hat nichts dagegen. »Gut wäre natürlich, wenn er schnell wachsen würde«, schlägt sie vor.

Der kleine Moritz setzt sich wieder auf den Stuhl vor dem Sofa. Ganz fest sieht er seinen schlafenden Vater an. Und dann sagt er: »So . . . du kleines bisschen Bart am Kinn meines Vaters, jetzt zeig mal, was du kannst. Wachse! Aber natürlich nur so zum Spaß. Dafür ein bisschen schneller als sonst, wenn's recht ist.«

Fest schließt der Moritz seine Augen. Und da sieht er es vor sich. Der Bart sprießt schon ein wenig. »Schneller!«, befiehlt der kleine Moritz dem Bart seines Vaters.

Der Bart ist gehorsam. Gleich darauf sprießt er nicht mehr. Er wächst wild vor sich hin. »So ist's richtig«, findet Moritz. Endlich passiert etwas an diesem verschlafenen Sonntagnachmittag.

Immer schneller wächst der Bart. Jetzt liegt er auf dem Hals seines Vaters. Und kurze Zeit später wuchert er die Brust hinunter, dann über das Hemd, die Hose und die Knie. Als er bei den Füßen ankommt, ist er schon ganz schön lang. Aber noch nicht lang genug für den kleinen Moritz.

Seinen Vater sieht er kaum mehr. Der ist unter lauter Haaren wie in einem Busch versteckt. Zum Glück hört man ihn immer noch sehr gut, wenn er im Schlaf murmelt. Der Bart wächst über das Sofa ins Zimmer. Prima, denkt Moritz und sieht interessiert zu. Was mein Vater im Schlaf so alles schafft. Hoffentlich strengt ihn das nicht an. Sonst ist er nach dem Aufstehen müder als vor dem Einschlafen. Schön weich fassen sich die Haare an. Man kann sich damit im Gesicht streicheln. Ob ich das schnell mal meiner Mutter zeige?, überlegt Moritz. Aber der Bart wächst ja erst fünf Minuten. Das ist zu kurz. Ich will sehen, wie lange er wächst und wohin er wächst.

Die Haare bewegen sich über den Fußboden, direkt auf das Fenster zu. Vielleicht wollen sie an die frische Luft, denkt der kleine Moritz. Sicher hat sein Vater jetzt den längsten Bart der Welt. Und der längste Bart der Welt quillt gerade über die Fensterbank und wird länger und länger.

Moritz rennt über den Flur und ruft in die Küche: »Du, ich geh noch schnell runter!« Sonst sagt er nichts. Es wäre auch etwas komisch, wenn er rufen würde: »Du, ich geh schnell runter. Ich will sehen, wie der Bart vom großen Moritz die Hauswand runterwächst.«

Als der kleine Moritz auf dem Gehsteig steht, kommt ihm der Bart schon entgegen. »Fleißig, fleißig«, lobt

er und kichert. Er denkt nämlich daran, dass sein Vater oben in der Wohnung liegt und gar nichts von seinem herrlichen Bart weiß.

Seit Moritz den Bart gelobt hat, wächst der noch schneller. Als hätte ihn das angespornt. »Was ist denn das?«, fragt ein vorübergehender, älterer Herr und zeigt mit seinem Spazierstock auf den Boden.

»Das ist der Bart meines Vaters«, antwortet Moritz stolz. Als er bemerkt, dass sich der Mann bückt, um daran zu zupfen, sagt er: »Bitte nicht daran ziehen. Das stört beim Wachsen. Außerdem schläft mein Vater, müssen Sie wissen. Wenn er schläft, will er nicht gezupft werden.«

»Ein braver Junge«, meint der ältere Herr. »Er bewacht den Bart seines Vaters und führt ihn spazieren.« Vorsichtig steigt er über die Haare und geht weiter.

Pfeifend begleitet der kleine Moritz den ständig länger werdenden Bart. Sie kommen an Haustüren und Geschäften vorbei. Alles geht gut, bis er über die Straße wachsen will, und zwar ausgerechnet an einer Kreuzung. »Lass den Quatsch«, redet Moritz ihm zu. »Da fahren Autos. Du kommst unter die Räder.« Aber der Bart hört nicht. Er wächst auf die Kreuzung, sosehr der kleine Moritz auch versucht ihn aufzuhalten. Die Fußgängerampel zeigt Rot. Er kümmert sich nicht darum.

»Das hast du nun davon«, flüstert der kleine Moritz, als auf der gegenüberliegenden Seite ein Polizist auftaucht. »Versteck dich!« Aber der Bart wächst dem Polizisten entgegen und an seinem Hosenbein hoch. Aufgeregt beobachtet Moritz das.

»Bärte gehören an ein Kinn und nicht auf die Kreuzung«, schimpft der Polizist. Dann schlenkert er seine Beine, um sich von den Haaren zu befreien, und fragt: »Ist das dein Bart?«

»Nein«, kann Moritz da zum Glück sagen.

Und als der Polizist wissen will: »Warum wächst er so frei durch die Gegend?«, wartet er eigentlich schon gar nicht mehr auf eine Antwort. Der Mann in Uniform hat jetzt nämlich alle Hände voll damit zu tun, die Autos anzuhalten.

Immer mehr Leute sammeln sich. »Was ist denn das?«, fragen einige.

»Ein wild gewordener Bart«, antworten andere. Nur Moritz und der Bart sagen gar nichts. Der eine wächst noch schneller und der andere läuft neben ihm her.

Im letzten Augenblick sieht Moritz, dass der Bart seines Vaters direkt auf ein Frisörgeschäft zuwächst. Sie versuchen noch auszuweichen. Aber da ist es schon zu spät. Der Frisör rennt aus dem Laden und schnippt aufgeregt mit seiner Schere. »Herrlich! Herrlich!«, ruft er. »So viel Haar. Man könnte es scheiteln. Locken drehen, kämmen, färben. Wunderbar! Kommen Sie zu mir. Sie sind herzlich eingeladen, obwohl heute Sonntag ist und wir eigentlich geschlossen haben.«

Moritz und der Bart wollen an dem Mann vorbei. Aber da stellen sich schereklappernd auch die zwei Frisörgehilfen in den Weg. Kämmend und bürstend, versuchen sie nun zu dritt das Haar zu zähmen. Sie drehen Löckchen hinein, sie färben es und fuchteln mit der Brennschere.

Moritz gefällt das gar nicht. Und er ist ganz sicher, dass auch sein Vater keinen gefärbten Löckchenbart mag. Bisher ist der Bart nur schnell gewachsen. Aber jetzt flüchtet er, er schießt richtig davon. Wild überwächst er die Frisöre und biegt um die nächste Hausecke. Da warten zwei Polizeiautos auf ihn. »Vorsicht!«, ruft Moritz. Schon schlägt der Bart einen Haken und verschwindet in einer Tiefgarage. Moritz bleibt zurück, weil der Bart schneller wächst, als er rennen kann.

Neben dem kleinen Moritz steht ein Mann und sagt: »Wenn der so weiterwächst, kann er schon morgen an die Grenze kommen. Aber ohne Ausweis lassen die ihn bestimmt nicht rüber.«

Breit wie ein Fluss liegt der Bart auf der Straße. Menschen rennen aufgeregt hin und her. Keiner merkt, wie schön und kuschlig der ist, denkt der kleine Moritz enttäuscht. Sie könnten sich hineinlegen, sie könnten mit ihm spielen. Aber alle versuchen nur ihn aufzuhalten oder zu bändigen. Der ist viel zu schade für sie, findet Moritz und streichelt ihn. Dann geht er durch Seiten-straßen nach Hause. Der Bart hängt immer noch aus dem Fenster. Zum Glück hat ihn da niemand bemerkt. Moritz steigt die Treppe hinauf. Als er im Flur steht, ruft seine Mutter: »Der Kuchen ist fertig.«

»Ich komme gleich«, ruft Moritz zurück. Jetzt holt er eine Schere und geht zu seinem Vater. Zugewachsen liegt der da und schnarcht leise. Schade, denkt der kleine Moritz. Aber der Bart muss weg. Er ist einfach zu lang. Und dann schneidet er ihn am Kinn ab. Die restlichen Haare lässt er aus dem Fenster fallen. Ei-nen Augenblick fürchtet er, dass der Bart sofort wie-der wachsen könnte. Aber der Bart tut das nicht. Wie vorher liegt sein Vater jetzt da, ein bisschen unrasiert und schnarchend. Und dann wacht er endlich auf.

»Gut geschlafen?«, fragt der kleine Moritz.

»Hmmm«, murmelt sein Vater wohlig. Dann streckt er sich und fährt mit der Hand übers Kinn, dass es knistert. »Rasieren müsste ich mich auch noch«, sagt er. »Lieb von dir, dass du mich hast schlafen lassen. Habe ich in der Zwischenzeit irgendwas versäumt?«

»Ne«, sagt der kleine Moritz. Das sagt er, weil er seinen Vater nicht erschrecken möchte. Wenn er ihm nämlich erzählt, dass sein Bart durch die halbe Stadt gewachsen

ist, hilft der große Moritz bestimmt beim Bartaufräumen. Dann hat er wieder keine Zeit für mich, überlegt der kleine Moritz. Und weil er das nicht will, erzählt er ausnahmsweise nicht, was passiert ist. Jedenfalls noch nicht gleich, denn jetzt wird erst mal Kuchen gegessen und danach wird gespielt und Quatsch gemacht. So wünscht sich der kleine Moritz das.

Moritz bekommt Besuch
aus dem Wilden Westen

Die Eltern vom kleinen Moritz haben gesagt: »Es dauert nur eine halbe Stunde, dann sind wir wieder zurück.«

Während sie unterwegs sind, werde ich einfach ein bisschen fernsehen. Vielleicht gibt's einen guten Film, freut sich Moritz.

Der Fernsehfilm ist toll. Auf dem Bildschirm tobt nämlich ein wilder Mann herum.

Herr Schäriff heißt der und er ist eine Art Dorfpolizist im Wilden Westen.

Golden glänzt der Schäriffstern auf seiner Jackenbrust. Der Mann schwingt eine Schnur über dem Kopf, die vorne eine Schlinge hat und Lasso heißt. Damit fängt er alle ein, die ihn ärgern oder ihm davonlaufen. Natürlich hat der wilde Mann auch einen Revolver. Und er reitet ein schnelles Pferd, die Rosalie.

Stark ist der Mann. Gerade verhaut er vier Bösewichter auf einmal. Das ist ganz einfach für ihn. Er macht das so: Den ersten wirft er gegen den zweiten. Diese beiden dann gegen den dritten. Den vierten schwingt er über die Schulter. Mit dem dreht er sich und lässt ihn im richtigen Moment los. Wie ein dicker Speer saust der ab und prallt gegen die ersten drei Bösewichter, die sich gerade wieder aufrappeln wollen. Zu viert platschen sie in eine Schlammpfütze, dass es nur so spritzt.

Spielend leicht wird dieser Revolverschäriff mit allen fertig. Über seine Feinde lacht er nur. Manchmal mag der kleine Moritz gar nicht zusehen, weil das alles so spannend und aufregend ist. Dann legt er seine Hände vor die Augen.

Ganz sicher ist er der wildeste Mann aus dem sehr Wilden Westen und außerdem der beste Kaugummikauer. Auch wenn er sich mit anderen haut, nimmt er den Kaugummi nicht aus dem Mund. Und da rennt der Revolvermann schon wieder hinter einem Bösewicht her.

Bestimmt ist er ganz außer Puste, denkt der kleine Moritz und ruft: »Herr Revolvermann! Machen Sie mal Pause!«

Mitten auf dem Fernsehbild bleibt der Mann stehen. Er dreht sich zu Moritz und fragt: »Sprichst du mit mir?«

»Klar«, sagt der kleine Moritz. »Du sollst Pause machen und mich besuchen. Ich schenk dir dann einen
Kaugummi und Nugateis können wir auch lutschen.
Ist ein Sonderangebot. Meine Mutter hat zwei Pa-
ckungen davon gekauft. Eine essen wir. Außerdem
möchte ich dich unbedingt etwas fragen.«

Der gefährliche Revolvermann flüstert dem kleinen
Moritz zu: »Was sollen denn die Zuschauer denken,
wenn ich einfach aus dem Film verschwinde?«

»Du sprichst so leise«, sagt der kleine Moritz. Er steht
auf und stellt den Ton laut.

Da schreit der Herr Schäriff los: »Eigentlich mag ich
Nugateis und Kaugummi sehr gerne. Aber dreh mich
doch nicht so laut. Es brauchen nicht alle zu wissen,
dass ich eine Naschkatze bin.«

»Sag doch einfach, dass du leider wegen einer Bildstörung verschwinden musst«, schlägt der kleine
Moritz dem Mann im Fernsehen vor. »Und dann
kommst du zu mir.«

Der Schäriff ist einverstanden. »Ich komme«, sagt er.
»Aber vorher jage ich schnell noch allen ein bisschen
Angst ein. Bis gleich.« Breitbeinig geht der wilde
Mann die Straße des Wildwestdorfes hinunter.
Schnell wirft er noch ein paar Leute in den Schlamm.
Dazu schießt er in die Gegend. Dann brüllt er durch
das Dorf: »So . . . das reicht jetzt. Ich lass euch kurz al-

lein. Wehe, ihr benehmt euch in der Zwischenzeit nicht anständig. Dann gibt's was.«

Der Revolvermann hängt ein Schild auf. »Bildstörung«, steht darauf. Jetzt steigt er auf sein Pferd, die Rosalie. Plötzlich fragt er: »Sag mal, wie komme ich eigentlich zu dir?«

»Ganz einfach«, meint der kleine Moritz. »Das Fernsehbild wird durch unsichtbare Wellen vom Fernsehsender in die Antenne auf unserem Dach gesendet. Das hat meine Mutter mal erklärt.«

»Ach so ist das«, meint der Schäriff.

»Du springst einfach mit deinem Pferd auf so eine Fernsehwelle. Von der wirst du hierher übertragen. Unsichtbar und blitzschnell geht das. Die Dachantenne fängt dich aus der Luft und leitet dich in den Fernsehapparat, in dem wirst du sichtbar gemacht. Dann kommst du raus. Ich stell mir das wie Wellenreiten vor, nur viel schlimmer«, sagt der kleine Moritz.

»Tut das weh?«, fragt der wilde Mann.

»Bestimmt nicht«, antwortet Moritz. Da gibt der Mann seinem Pferd die Sporen. Er reitet direkt auf den kleinen Moritz im Wohnzimmer zu. Immer größer und größer wird er. Näher und näher kommt er. Und er ruft: »Schneller, Rosalie! Gleich werden wir Wellen reiten!«

Moritz blinzelt noch einmal. Im nächsten Augenblick

stehen der Schäriff und sein schnaubendes Pferd
groß im Wohnzimmer. »Guten Tag«, sagt der kleine
Moritz. »Das ging wirklich schnell.«

»Und es hat gar nicht wehgetan«, sagt der wilde
Mann und steigt vom Pferd. Nebeneinander setzen
sich Moritz und der Schäriff auf das Sofa. Rosalie
geht inzwischen im Wohnzimmer spazieren und
knabbert an den Topfpflanzen. »Am liebsten mag sie
Gummibärchen«, sagt der wilde Mann. »Den kaut sie
so gern wie ich Kaugummi.«

Der kleine Moritz fragt jetzt, was er schon die ganze
Zeit wissen will. »Ich weiß, dass du Schäriff gespro-
chen wirst. Aber wie schreibt man das eigentlich?«

»S-h-e-r-i-f-f«, buchstabiert der Revolvermann.

»Ich sag's nicht gern, Herr Sheriff«, meint der kleine
Moritz gleich darauf. »Aber dein Pferd trampelt ziemlich laut durch die Wohnung. Bestimmt stört das die

Frau Krabunder unter uns. Wir sollten die Rosalie an die Flurgarderobe binden.«

Mit einem Ruck steht der wilde Mann auf. »Ich habe heute schon elf Kerle verhauen. Da werde ich wohl mit einer Nachbarin fertig, die sich über mein Pferd ärgert. Die beschwert sich nie wieder«, droht er.

Zum Fürchten sieht der Sheriff aus und so klingt es auch. Arme Frau Krabunder, denkt der kleine Moritz. Schon nimmt der Revolvermann die schnaubende Rosalie am Zügel und führt sie die Treppe hinunter. Stürmisch klingelt er bei der Nachbarin.

Der kleine Moritz steht an der Wohnungstür, dann an der Treppe. Er sieht und hört einiges. Und vor allem hört er, dass der wilde Mann gar nicht zum Reden kommt. Dafür lacht Frau Krabunder sehr laut und sehr lange.

Moritz kann sich richtig vorstellen, wie sie klein und lustig vor dem Sheriff steht. Sie wundert sich: »Ein Pferd im Hausflur. Wie kommt das hierher? Und wie sehen Sie denn aus? Sie haben sich bestimmt verkleidet. Sehr hübsch. Nein, dieser große Hut«, staunt sie.

Wenn sie nur ruhig wäre, denkt der kleine Moritz. Sie weiß ja gar nicht, wie gefährlich dieser Mann ist. Bestimmt funkelt er die arme Frau schon ganz wild mit seinen Augen an und schwingt sein Lasso. Gleich wird sie nichts mehr sagen.

Er hört den Sheriff: »Sie sollen meinen Hut loslassen!«, zetert er.

Und Frau Krabunder sagt: »Stellen Sie sich doch nicht so an. Geben Sie schon den Hut her. Auch den hübschen Stern möchte ich mal ausprobieren. Übermorgen feiern wir nämlich ein Kostümfest. Eigentlich könnten Sie mir dafür Ihre Sheriffsachen leihen und die komischen Dinger an den Stiefeln . . .«

»Das sind Sporen. Die brauche ich zum Reiten«, protestiert der Revolvermann. Gleich geht's los, befürchtet der kleine Moritz. Ich muss die Frau warnen. Aber wieder hört er Frau Krabunder: »Egal, wie die Dinger heißen. Geben Sie schon her. Ich will sie doch nur ausprobieren.«

Jetzt schimpft der Sheriff: »Das kitzelt, lassen Sie meine Stiefel los! Und Finger weg von meinem Hut!«

»Spielverderber!«, kichert Frau Krabunder. »Aber dafür helfen Sie mir beim Wäscheaufhängen. Ihre Wäscheleine können wir gut dazu gebrauchen.«

»Das ist ein Lasso«, protestiert der wilde Mann aus dem Wilden Westen. »Damit werden Bösewichter gefangen. Man hängt keine Wäsche daran auf.«

»Egal, wie die Leine heißt«, widerspricht sie. »Wir hängen Wäsche daran auf. Aber vorher werden die Hände gewaschen. Mit Ihren Dreckfingern fassen Sie meine sauberen Handtücher und Bettlaken nicht an. Das Pferd stellen wir auf den Parkplatz«, bestimmt die runde Frau Krabunder.

Den Revolvermann hört der kleine Moritz nur noch, als er bittet: »Nicht anfassen, ich bin doch kitzlig.« Dann dauert es mindestens eine halbe Stunde, bis er wieder zurückkommt. Aber wie sieht er denn aus? Lasso, Pferd, Revolver, Stiefel, Hut und Sheriffstern, alles ist weg.

»Das braucht sie für ihr Kostümfest«, jammert er. »Sie hat meine Fingernägel geschnitten, hat mich gewaschen und gekämmt«, murmelt er verzweifelt. »Sehr gefährlich, diese Frau Krabunder. Manchmal ganz nett, aber insgesamt ist sie sehr gefährlich. Stell dir vor, an meinem Lasso hängt jetzt ihre Wäsche. Wenn ich mich wehren wollte, hat sie mich gekitzelt. Mein Pferd hat sie auf den Parkplatz gestellt. Im Film ist mir so was nie passiert. Alle hatten Angst vor mir. Jetzt bin ich überhaupt kein Sheriff mehr«, klagt er. »So kann ich mich nirgends mehr sehen lassen. Was soll ich nur machen?«

Der kleine Moritz zuckt mit den Schultern.

»Am besten, ich gehe wieder in den Film zurück«, seufzt der Revolvermann ohne Revolver. »Aber Lasso und Pferd hole ich mir vorher wieder.«

Auf Socken schleicht der Sheriff die Treppe hinunter. Gleich darauf hört der kleine Moritz Frau Krabunder: »Lassen Sie sofort meine Wäscheleine los.« Kugeldick und lachend, läuft sie auf dem Hof hinter dem wilden Mann her und schreit: »Schade, dass Sie so ängstlich und kitzlig sind.«

Da springt der Sheriff ohne Stern, ohne Hut, Revolver, Lasso und Stiefel auf sein Pferd. »Nie wieder lauf ich aus einem Film weg. Bei euch ist es mir zu gefährlich!«, ruft der Mann aus dem Wilden Westen dem Moritz zu. Dann reitet er weg, so schnell er kann. Und das kann er wirklich sehr schnell. Moritz sieht nur noch einen winzigen Mann weit weg auf einem winzigen Pferd.

Der kleine Moritz geht ins Wohnzimmer. Den Fernsehapparat mit der Bildstörung schaltet er ab. Da kommen auch schon seine Eltern zurück und er sagt: »Ich hab einen Wildwestfilm mit einem komischen

Sheriff gesehen. Elf Männer hat er im Fernsehen verhauen. Aber mit der kugelrunden Frau Krabunder ist
er nicht fertig geworden. Die hat gemerkt, dass er
kitzlig ist. Schade, dass ihr nicht fünf Minuten früher
gekommen seid, dann hättet ihr ihn noch erlebt.«
Und weil sie ihn nicht kennen gelernt hatten, erzählt
der kleine Moritz die Wildwestgeschichte vom besonders wilden und kitzligen Sheriff.

Moritz hat viele Diener

Immer soll ich alles selbst machen, denkt der kleine Moritz. Aufräumen, Schuhe putzen und solche Sachen. Obwohl meine Mutter das viel besser kann. Aber sie meint, wenn ich das nicht probiere, lerne ich's nie. Will ich ja auch nicht lernen. Es ist viel schöner, wenn sie es für mich macht.

Und plötzlich fällt Moritz etwas ein. »Das wär prima!«, ruft er begeistert in sein Zimmer. Klar, ich müsste einen Diener haben. Warum ist mir das nicht früher eingefallen? Mein Diener würde bestimmt alles für mich tun, was ich nicht so gut kann. Noch besser wären natürlich viele Diener. Vielleicht verleihe ich dann einige an meine Eltern, stellt sich Moritz vor.

Kaum hat er das gedacht, wird die Tür zu seinem Zimmer geöffnet. Ein kleiner, dünner Mann im schwarzen Anzug und mit weißen Handschuhen steht vor ihm. Er verbeugt sich und stellt sich vor: »Ihr Diener, mein kleiner Herr. Sie haben mich ge-

wünscht, hier bin ich.« Neugierig zupft ihn Moritz
am Ärmel und fragt: »Sind Sie auch wirklich echt?«
»Ihr garantiert echter und erster Diener, kleiner Herr
Moritz«, antwortet der Mann und verbeugt sich
schon wieder.
Toll findet Moritz das, denn bisher hat sich noch niemand vor ihm verbeugt. »Herr Moritz«, hat ihn auch
noch keiner genannt. »Und Sie tun wirklich alles für
mich?«, erkundigt sich Moritz.
»Nicht alles«, erklärt der dünne Mann im schwarzen
Anzug und mit weißen Handschuhen. »Sie haben
sich viele Diener gewünscht, kleiner Herr. Ich bin
Spezialist für das Schnüren von Schuhen. Nur damit
kann ich Ihnen dienen. Darf ich mal?«
Gnädig nickt der kleine Moritz und hält seinem Diener die Schuhe unter die Nase. »Nein«, sagt der sofort. »Ein sehr verzwickter Knoten. Und zum Öffnen
von Knoten gibt es einen Extradiener!«
Schon steht ein zweiter kleiner, dünner Mann im
schwarzen Anzug und mit weißen Handschuhen vor
ihm. »Man hat mich gerufen«, sagt er ernst und verbeugt sich. »Darf ich mich vorstellen . . . Spezialist für
das Öffnen von Schuhbandknoten. Ihr Diener, kleiner Herr Moritz.«
Geschickt entwirrt der eine den verzwickten Knoten.
Danach schnürt der andere das Schuhband so schön,

wie es vorher noch nie geschnürt wurde. »Wenn ich das nur auch so gut könnte!«, seufzt der kleine Moritz. Geschmeichelt verbeugen sich die beiden. Und der eine sagt leise: »Wir binden Ihnen gern die Schuhe. Wir öffnen Ihnen auch jeden Knoten. Aber die Schuhe sollten vorher wirklich geputzt sein.«

Der Diener pustet etwas Schmutz von seinen weißen Handschuhen und fragt: »Gestatten Sie?« Dann öffnet er das Fenster und pfeift auf zwei Fingern.

»Ihr Diener«, sagt gleich darauf ein dritter Mann im schwarzen Anzug, mit weißen Handschuhen und Köfferchen. »Spezialist für das Putzen von Schuhen«, stellt er sich vor. »Und ich werde viel zu tun haben«, bemerkt er mit einem Blick auf die schmutzigen Schuhe vom kleinen Moritz. Der Mann stellt sein Köfferchen ab. Dann putzt und cremt er, hantiert mit Bürstchen und Läppchen, dass es eine Pracht ist. Die Schuhe glänzen, dass man sich darin spiegeln kann.

»Danke schön für alles«, sagt Moritz. »Jetzt möchte ich zum Spielen raus.«

»Er will zum Spielen raus«, wiederholen die schwarz gekleideten Männer erstaunt und zupfen an ihren Handschuhen. Bedenklich wackeln sie dazu mit den Köpfen. Dann sagt einer: »Spielen – unmöglich! Sehen Sie sich doch Ihre unordentlichen Haare an. Die passen überhaupt nicht zu Ihren ordentlichen Sachen. Was sollen die Leute von uns denken, wenn Sie so auf der Straße spielen?«

»Na gut«, seufzt Moritz.

Kaum hat er ausgeseufzt, erscheint der vierte kleine, dünne Mann. »Spezialist für das Kämmen von Haaren«, stellt er sich vor und verbeugt sich. »Ihr Diener, kleiner Herr Moritz.«

Verzweifelt nickt Moritz. Der Diener klappert ein paar Mal mit seinen Kämmen. Dann kämmt er Moritz so gut, wie der noch nie gekämmt wurde. Schneidet hier ein Härchen weg und dort eines und sagt: »Schon fertig.«

Meine Haare sind großartig gekämmt, denkt der kleine Moritz, meine Schuhe toll geputzt und geschnürt. Jetzt wird gespielt. Hoffentlich lachen die anderen Kinder nicht über mich, weil ich so ordentlich aussehe. Kaum will er aus dem Zimmer gehen, hört er seine Diener. »Herr Moritz, so können wir Sie auf keinen Fall herumlaufen lassen. Sehen Sie doch nur Ihre ungebügelte Hose an. Zum Glück gibt es noch mehr Diener. Die werden das alles in Ordnung bringen.«

»Man hat uns gewünscht. Hier sind wir«, hört Moritz viele Stimmen. Überall in seinem Zimmer und bis hinaus auf den Flur stehen die kleinen, dünnen Männer in schwarzen Anzügen und mit weißen Handschuhen. Alle verbeugen sich. Und der erste Diener sagt: »Sie brauchen nichts mehr selbst zu tun. Ihr Wunsch ist in Erfüllung gegangen. Sie müssen nur noch befehlen.«

Dann stellt er die Diener vor: »Das ist der, der abends Ihre Hosen und Hemden fein säuberlich über einen Stuhl hängt. Dieser packt Ihre Schultasche. Und das ist der Bettenmacher. Da steht der Brotschneider und hier der Brötchenstreicher . . .«

Immer mehr dünne Männer stellt der erste Diener vor. Jeder verbeugt sich und sagt: »Ihr Diener, kleiner Herr.«

Und Moritz denkt: So viele wollte ich doch gar nicht.

Aber nun sind sie da und deswegen wird nichts aus dem Spielen.

Weil ihn jetzt alle ansehen, als sollte er was sagen, sagt er: »Wo ist bitte der Zimmeraufräumer?«

»Hier«, meldet sich jemand und sieht sich im Zimmer um. Dann räumt er wie wild auf.

Natürlich stehen ihm dabei sehr viele schwarz gekleidete Männer im Weg. »Die müssen weggeräumt werden, und zwar auf die Straße«, befiehlt der kleine Moritz.

Und weil ein Diener immer gehorcht, gehorcht er auch diesmal. Jeden einzelnen seiner Kollegen packt er und räumt ihn auf die Straße hinunter. Sie wehren sich gar nicht, denn richtige Diener lassen sich sehr viel gefallen. Nur wenn man genau hinsieht, bemerkt man, dass sie beleidigt sind. Deswegen kommen sie nicht mehr zurück. Der Zimmeraufräumer rennt und räumt, bis das Zimmer tipptopp aussieht. Nur er steht jetzt noch herum. Und am liebsten wäre der kleine Moritz ganz allein. Diener will er doch keine, hat er sich überlegt. Die lassen einen nämlich nicht spielen.

»Sie haben sehr gut aufgeräumt«, lobt Moritz den letzten Diener. »Sie können das wirklich prima. Jetzt räumen Sie sich bitte dort hin, wo die anderen sind.«

»Jawohl«, sagt der. Dann sieht er den kleinen Moritz etwas erstaunt an. Aber schon im nächsten Augenblick packt er sich selbst am Kragen und räumt sich kopfschüttelnd aus der Wohnung.

»Endlich sind sie weg«, ruft der kleine Moritz hinterher. Jetzt wird gespielt, nimmt er sich vor und geht zu seiner Mutter. Komisch, dass sie von dem Rummel nichts gemerkt hat.

Sie arbeitet in der Küche. Bestimmt ist sie ganz froh, dass sie keine Diener von mir bekommt, überlegt Moritz. Die hätten in ihrer kleinen Küche sowieso keinen Platz gehabt. Sie wären ihr sicher nur auf den Füßen und Nerven rumgetrampelt.

»Ich geh zum Spielen raus«, sagt Moritz zu seiner Mutter.

»Aber räum vorher dein Zimmer auf«, bittet sie ihn.

»Ist längst erledigt«, freut sich Moritz.

Zuerst glaubt sie das nicht und will es sich ansehen.

»Das erkennt man ja nicht wieder«, staunt sie. »Versteh ich nicht, wie du das so schnell schaffst. Ich glaube, du kannst das schon besser als ich.«

Der kleine Moritz findet es prima, dass sie ihn lobt. Und damit sie besser versteht, warum das Aufräumen so schnell geklappt hat, erzählt er seiner Mutter vom Besuch der kleinen, dünnen Männer in schwarzen Anzügen und mit weißen Handschuhen, obwohl er deswegen schon wieder nicht zum Spielen kommt. Aber diesmal macht ihm das gar nichts aus. Es ist nämlich sehr schön, mit seiner Mutter in der Küche zu sitzen und ihr was zu erzählen.

Moritz kämpft beinahe mit dem Drachen

Die Mutter vom kleinen Moritz sitzt am Bettrand und liest Ritter- und Drachengeschichten vor. Dazu zeigt sie Moritz ein Bild von einem Ritter in glänzender Eisenrüstung. Riesig hockt der Drache vor ihm und speit Feuer.

Als er das sieht, fragt Moritz: »Warum hat der Ritter eigentlich keinen Feuerlöscher?«

»So was gab's damals noch nicht«, erklärte sie. »Aber Feuerlöscher wären praktisch gewesen für einen richtigen Drachenkämpfer.«

Dann seufzt sie und sagt: »Und die Rüstungen waren bestimmt praktisch. Die musste man nicht so oft bügeln wie die Anzüge vom großen Moritz.«

Jetzt klappt sie das Buch zu und wünscht »Gute Nacht«. Der kleine Moritz liegt im Bett und eigentlich hat er nur einen Wunsch. Er möchte gerne Ritter sein.

Kaum hat er sich das gewünscht, hört er ein Geräusch. Da wirft jemand mit Steinchen gegen die

Scheibe und ruft von unten: »Ist Ritter Moritz zu Hause?«

»Klar«, antwortet Moritz, springt aus dem Bett und öffnet das Fenster. Auf dem Bürgersteig steht ein Mann und sagt aufgeregt: »Ritter Moritz, ein riesiger Flügeldrache liegt vor unserer Stadt. Ihr müsst mit ihm kämpfen und ihm alle Köpfe abschlagen!«

»Nicht so laut«, sagt Moritz. »Meine Eltern schlafen schon.« Und er erkundigt sich: »Wie viele Köpfe hat der Drache denn?«

»Sieben natürlich«, antwortet der Mann, »und wenn Ihr ihn nicht besiegt, Ritter Moritz, sind wir verloren.«

»Keine Angst«, beruhigt der kleine Moritz den Mann. »Ich muss nur schnell meine Rüstung anziehen, dann komme ich gleich.«

Moritz sucht, was man braucht, um gegen Drachen zu kämpfen. Die Rüstung, das scharfe Schwert, den Feuerlöscher, die Taschenlampe und eine Flasche Limonade, denn er bekommt sehr schnell Durst. Bunte Kaugummikugeln nimmt er auch mit, falls der Drache lieber auf Kaugummis als auf Rittern kaut.

Gleich darauf schleicht der kleine Moritz in glänzender, quietschender Rüstung die Treppe hinunter, das Schwert und den Feuerlöscher fest in den Händen. An der Haustür dreht er sich noch einmal um und

liest das Schild: »Moritz, Ritter und geprüfter Drachenkämpfer«. Der Mann wartet vor der Tür auf ihn.
»Es ist ganz ruhig in der Stadt«, sagt er. »Alle Leute
haben sich verkrochen. Eigentlich soll ich ja gegen
den Drachen kämpfen. Ich bin nämlich der Schädlingsbekämpfer dieser Stadt«, flüstert er. »Hören Sie
nur, Ritter Moritz . . .« Sie bleiben auf dem Fußweg
stehen und hören ein lautes, fürchterliches »Uäh«.
»Das ist der Ruf des Drachen«, wispert der Mann
ängstlich. »Ich kann nicht gegen dieses Untier kämpfen. Es ist mir viel zu groß. Als Schädlingsbekämpfer
habe ich sonst nur mit Mäusen und Kartoffelkäfern
zu tun. Die sind ja auch ziemlich gefährlich, speien

aber zum Glück kein Feuer und wirken wesentlich kleiner als Drachen . . . Da, schon wieder . . .!«, unterbricht sich der Mann und packt den kleinen Moritz an der Rüstung.

Furcht erregend tönt es bis hierher. »Nur keine Angst«, beruhigt Moritz den Mann. »Ich werde selbstverständlich für Sie gegen das Untier kämpfen, bin schließlich geprüfter Drachenkämpfer. Wo steckt er denn?«

Der Mann zeigt in die Dunkelheit und sagt: »Da vorne, Sie müssen noch ein paar Stunden zu Fuß gehen. Aber Vorsicht, der Drache ist nicht nur gefährlich. Er ist auch sehr laut und ungezogen. Erst vorhin . . .«

Bevor der Mann ausgesprochen hat, dröhnt der Drache schon wieder so, dass die Fensterscheiben und der ängstliche Mann zittern. Diesmal ruft er nicht »uäh«, sondern ganz deutlich: »Dooofkopp!«

»Hab ich richtig gehört?«, fragt der kleine Moritz.

»Ich glaube schon«, antwortet der Mann. »Ich sagte ja, er ist nicht nur gefährlich, er ist auch ungezogen.«

»Ob er mich damit meint?«, will Moritz wissen und schlägt mit seinem Schwert drohend durch die Luft. Dann packt er den Feuerlöscher fest mit der linken Hand. In der rechten hält er das Schwert. So geht er an den letzten Häusern der Stadt vorbei.

»Viel Glück und immer geradeaus!«, ruft der Mann hinterher. »Ihr erkennt den Drachen ganz leicht, Ritter Moritz. Er liegt da, ist groß wie drei Häuser, speit Feuer und ruft Wörter, die wohlerzogene Drachen nicht rufen sollten. Außerdem hat er sieben Köpfe. Ihr könnt ihn gar nicht übersehen.«

Der kleine Moritz geht auf der linken Straßenseite immer geradeaus durch die Dunkelheit. Zwischendurch kommen ihm Autos entgegen. Aber das passiert selten, denn es ist spät. Leider quietscht die Rüstung ganz fürchterlich, außerdem ist sie ziemlich schwer. Ich hätte sie ölen sollen, denkt Moritz. Rüstungen sind doch nicht so praktisch, wie meine Mutter sich das vorstellt.

Damit es ihm unterwegs nicht zu langweilig wird, lässt er immer wieder mal seine Taschenlampe aufblitzen. Dazwischen trinkt er einen Schluck Limonade. Die Richtung findet der kleine Moritz ganz leicht. Er muss sich nur nach dem Gebrüll des Drachen richten, das immer lauter klingt.

Dem ist inzwischen ein drittes Wort eingefallen: »Zimtziege!« Laut und gefährlich klingt das.

Ob er mit all seinen sieben Köpfen nur diese drei Wörter kennt?, überlegt der kleine Ritter Moritz. Oder ob von drei Köpfen jeder ein Wort schreit und die restlichen vier speien in der Zwischenzeit Feuer?

Als der kleine Moritz ein paar Stunden gegangen ist, wird es langsam hell. Die Drachenwörter klingen jetzt fürchterlich laut. Beim lautesten »Dooofkopp« brüllt der kleine Moritz zurück: »Meinst du mich?« Aber als Antwort bekommt er nur »Uäh!«.

Moritz geht ein Stück durch die Felder. Dann sieht er ihn. Und der Drache schimpft schon wieder, dass sich der kleine Moritz am liebsten die Finger in die Ohren stecken möchte. Aber das kann er nicht tun, weil er in der rechten Hand sein Schwert und in der linken den Feuerlöscher trägt.

Sicher, der Drache ist riesig, mit Flügeln so groß wie ein Haus, aber nicht wie drei. Und er hat keine sieben Köpfe, sondern nur einen einzigen. Er versteckt auch keinen, merkt der kleine Moritz, als er in weitem Abstand einmal um den laut schimpfenden Drachen geht. »Doofer Schimpfdrache«, schreit Moritz zurück. »Musst dich nicht wundern, wenn dich keiner mag. Ich komme den ganzen Weg hierher und du begrüßt mich so. Fällt dir nichts anderes ein? Du könntest zum Beispiel sagen: ›Guten Morgen, Ritter Moritz!‹« Und dann fragt Moritz: »He, sag mal, beißt du? Trittst du? Speist du Feuer?«

Der Drache antwortet nicht. Dafür wackelt er ein klein wenig mit den Ohren und guckt Moritz lange an. Der schielt ja, denkt Moritz. Ich hätte nicht gedacht, dass Drachen schielen. Und besonders stark schielt er auf mein Schwert. Hat er Angst davor?

Ob ich es wage?, überlegt der kleine Moritz. Dann legt er das Schwert und den Feuerlöscher ins Gras. Freudig bewegt der Drache seine Flügel und nickt mit dem Kopf.

Jetzt kommt das Schwierigste. Moritz legt einen bunten Kaugummi auf die ausgestreckte, flache Hand und geht dem Drachen Schritt für Schritt entgegen. Ganz deutlich sieht er die riesigen Krallen und den Mund mit den scharfen Zähnen.

Misstrauisch schielt der Drache zu ihm herunter. Und der kleine Moritz streckt ihm auf der flachen Hand den bunten Kaugummi entgegen. Langsam beugt das riesige Tier seinen Kopf zur Hand, die ein bisschen zittert, denn Moritz hat Angst. Vorsichtig nimmt der Drache den Kaugummi. Er kaut darauf herum und pustet ihn zu einer riesigen Blase auf, die laut zerplatzt. Und dann lacht der Drache und lacht und lacht.

Einen Kaugummi nach dem anderen frisst er dem kleinen Moritz aus der Hand, kaut ihn, pustet ihn auf und lässt ihn zerplatzen. Jetzt schimpft er auch nicht mehr. Dafür ruft er nach jedem zerplatzten Kaugummi ganz laut und sehr vergnügt: »Uäh!«

Als Dank für die Kaugummis schleckt der Drache Moritz mit seiner Zunge ab. Der steht ganz still und ist froh, dass er die raue, feuchte Zunge durch die Rüstung nicht spürt.

Freundlich streichelt Moritz den Drachen. Schnurrend liegt der da, denn er lässt sich gern streicheln. Die beiden vertragen sich richtig gut. »Du«, sagt der kleine Moritz nach einiger Zeit, »die Leute würden dich bestimmt lieber mögen, wenn du andere Wörter brüllen würdest. Oder sing mal was, vielleicht ›Kuckuck, Kuckuck, ruft's aus dem Wald‹.«

Moritz singt dem Drachen das Lied vor. Interessiert hört der zu, dann singt er es nach. Aber das klingt ein wenig wie gesungenes Feuerspucken, sehr unangenehm für die Ohren.

»Wieso kannst du nur drei Wörter?«, fragt Moritz. »Eigentlich sind es sogar nur zwei. ›Uäh‹ gilt nicht. Wir sollten schöne Wörter üben, damit die Menschen nicht mehr so sehr vor dir erschrecken. Ich spreche die Wörter vor und du sprichst sie nach!« Der Drache nickt und Moritz überlegt schöne Wörter. Erst mal fällt ihm »Brombeere« ein, dann »Brieftaube«. »Milchstraße, Schlüsselblume, Glühwürmchen« und »Marmeladenbrötchen« sagt er auch noch. Der Schimpfdrache legt den Kopf zur Seite und lauscht. Dann wiederholt er das letzte Wort. »Zimtbrötchen«, hört der kleine Moritz.

»Nein«, verbessert er den Drachen. »Ich habe ›Marmeladenbrötchen‹ gesagt. Du denkst immer noch an ›Zimtziege‹ und deswegen sagst du statt ›Marmeladenbrötchen‹ ›Zimtbrötchen‹.«

»Aber ›Zimtbrötchen‹ klingt auch sehr schön, meint der Drache und wiederholt das Wort immer wieder. Dann sagt er alle Wörter, die ihm Moritz vorgesprochen hat: Glühwürmchen, Milchstraße und Schlüsselblume, später auch ganz normale. »Dabei wollte ich eigentlich nie mehr sprechen«, sagt er, »vor allem nicht mit Rittern. Die sprechen ja auch nichts. Sie fuchteln nur mit Schwertern herum. Bis heute habe ich es durchgehalten, nicht zu reden, und dabei fast alle Wörter vergessen. Nur ›Dooofkopp‹ und ›Zimtziege‹ nicht, weil ich mir gedacht habe, wenn du schon nicht redest, schimpf wenigstens dazwischen mal ein bisschen.«

»Man erzählt, du frisst Ritter und spuckst Feuer«, sagt Moritz.

»Unsinn«, erklärt der Drache. »Einmal wollte ich einen besonders aufdringlichen Ritter fressen, weil er mich ständig mit seinem blöden Schwert geärgert hat. Ich hab kurz auf ihm herumgekaut und ihn sofort wieder ausgespuckt. Fürchterlich! Ritter schmecken nur nach Blech.«

»Wie Fisch in der Dose?«, fragt Moritz.

»So ungefähr«, sagt der Drache.

Die beiden reden noch lange miteinander. Dabei sitzt Moritz neben dem Drachen auf der feuchten Morgenwiese und hofft, dass seine Rüstung davon nicht rostig wird.

Der Drache erzählt: »Ich hab mir gleich gedacht, dass ich vor dir nicht davonlaufen muss. Du siehst nicht so gefährlich aus wie andere Ritter.«

»Und weißt du, warum du so gefährlich aussiehst«, fragt Moritz den Drachen und erklärt es gleich: »Weil du nämlich so angestapft kommst. Kannst du nicht vorsichtiger auftreten?«

Der Drache übt das. Er geht auf Zehenspitzen und schielt zum kleinen Moritz hinunter, der ihn lobt.

»Es ist aber sehr anstrengend«, sagt der Drache. »Hoffentlich reicht es, wenn ich freundlich mit den Menschen spreche.«

Moritz muss nach Hause. »Meine Eltern merken sonst, dass ich weg war«, sagt er. »Fliegst du mich ein Stück?«

Der Drache nickt und sie fliegen los. Sicher sitzt der kleine Moritz zwischen den riesigen Flügeln. Vor sich sieht er schon die Häuser der Stadt.

Auf einem großen Parkplatz landen sie. Da steht noch kein Auto, weil heute Sonntag ist und die Menschen lange schlafen. Nur der ängstliche Schädlingsbekämpfer kommt angerannt. »Hilfe!«, schreit er. »Der Drache! Wo ist Ritter Moritz?«

»Hier!«, ruft Moritz und steigt vom Drachen, der den Mann freundlich begrüßt: »Guten Morgen, mein Herr.« Dazu sagt er noch ein schön klingendes Wort: »Zimtbrötchen« nämlich. Danach verabschiedet sich der Drache und fliegt davon.

»Die Wörter hab ich ihm beigebracht«, erklärt Moritz. »Mein Schwert und den Feuerlöscher habe ich gar nicht gebraucht.«

»Er wirkt ganz nett«, gibt der Mann zu. Die beiden stehen auf dem Platz und sehen, wie der Drache kleiner und kleiner wird. »Keiner muss jetzt mehr Angst vor ihm haben«, sagt der Mann. »Ich will es allen erzählen.«

Moritz ist sehr müde und geht nach Hause.

Zum Glück schlafen seine Eltern noch. Endlich kann er die unbequeme Rüstung ausziehen und in seinen bequemen Schlafanzug schlüpfen.

Wenn er aufwacht, will er seinen Eltern erzählen, was er alles erlebt hat. »Uäh«, gähnt Moritz und lacht, denn jetzt merkt er, dass der Drache nicht nur Wörter von ihm gelernt hat, sondern er auch welche vom Drachen.

»Uäh«, gähnt er gleich noch mal.

Moritz soll sich ein Beispiel nehmen

»Du trödelst ja schon wieder mit dem Anziehen«, stöhnt die Mutter vom kleinen Moritz. »Du bist langweilig wie 'ne Schnecke. Nimm dir doch mal an was Schnellerem ein Beispiel.«

Da ist sie auch schon aus dem Badezimmer verschwunden, denn sie hat es eilig. Sie muss noch zum Kaufmann. Dauernd hat sie etwas vor und meistens ist es ganz eilig, fällt dem Moritz auf. Aber sonst ist sie eigentlich nett. Der kleine Moritz sitzt auf dem Badewannenrand und denkt, dass seine Mutter wie ein Rennauto ist. Mit Vollgas und quietschenden Reifen flitzt sie herum und überholt ihn ständig. Sie sollte mal bremsen, denn trödeln ist richtig schön.

Moritz denkt schon nicht mehr daran, dass er sich eigentlich anziehen soll. Ihm ist nämlich was viel Besseres eingefallen. Ich habe ja eine ziemlich flinke Mutter, überlegt er. Aber es gibt einen im Haus, der ist noch schneller. Im vierten Stockwerk wohnt nämlich ein junger Mann. Den muss man Rakete nennen, wenn man zu meiner Mutter Rennauto sagt. Und weil sich Moritz an was sehr Schnellem ein Beispiel nehmen soll, denkt er, dass der dazu gerade richtig ist.

Erst mal will ich diesen Raketenmann kennen lernen, nimmt sich der kleine Moritz vor. Aber einer, der es so eilig hat, kommt sicher nicht zu irgendeinem kleinen Jungen aus dem Erdgeschoss. Jedenfalls nicht freiwillig. »Also wünsche ich ihn her«, kichert der kleine Moritz im Badezimmer und verlangt: »Du kommst jetzt unbedingt zu mir, sehr schneller Mann. Ich bin neugierig auf dich.«

Kurz schließt der kleine Moritz die Augen. Und da ist er auch schon, der blitzschnelle Mann aus dem vierten Stockwerk. Mitten im Badezimmer steht er, sieht sich erstaunt um und fragt: »Wie komme ich denn hierher?«

»Ich habe Sie hergewünscht«, antwortet der kleine Moritz und freut sich, dass es geklappt hat. »Ich kann nämlich Leute und überhaupt fast alles zu mir ins Zimmer wünschen!« Dann erkundigt er sich: »Warum tropfen Sie so?«

Klatschnass sieht der Mann aus. Und er zieht ein Gesicht, als hätte er in eine Zitrone gebissen.

»Sind Sie wirklich der schnellste Mann hier oder habe ich mir aus Versehen den nassesten gewünscht?«, erkundigt sich Moritz.

»Ich bin der schnellste«, antwortet der Mann wie aus der Pistole geschossen. »Nass bin ich nur ausnahmsweise.« Der Mann zieht seine Schuhe aus und stellt sich in die Badewanne. »Damit ich den Boden nicht so voll tropfe«, erklärt er und jammert: »Irgendwas ist heute nicht in Ordnung. Diese Nässe und dieser furchtbare Geschmack im Mund. Dabei weiß ich genau, dass ich vor einer halben Stunde in meiner praktischen, kleinen Wohnung völlig trocken aufgewacht bin. Der Geschmack war auch noch ganz anders.«

»Blitzschnell ging das Aufstehen«, erzählt er. »Zack, zack, Bettdecke zurückschlagen, und zwar mit der rechten Hand. Das ist wichtig, mit der linken Hand stelle ich nämlich gleichzeitig den Wecker ab. Während ich das tue, gähne ich. Dabei halte ich den linken Fuß vor den Mund. Du merkst, ich bin wohlerzogen. Außerdem merkst du, dass es darauf ankommt, möglichst viel gleichzeitig zu tun. Sicher willst du jetzt wissen, warum ich den linken Fuß vor den Mund halte? Den nehme ich, weil ich mit dem rechten etwas Besseres vorhabe. Mit dem schüttle ich nämlich das Bett kräftig aus. Das ist gut und sehr wichtig für die Bettfedern. Sofort danach ziehe ich mit der linken Hand die Schlafanzugjacke aus und mit der rechten die Hose. Bis zu diesem Augenblick war heute Morgen alles wie immer«, erzählt der

Mann. »Sechsunddreißig Sekunden habe ich gebraucht. Vom Bett aus springe ich unter die Dusche.
Mit der linken Hand wasche ich den rechten Arm
und mit der rechten den linken. Dann beuge ich
mich nach vorne und klemme zwischen den zweiten
und dritten Zeh des linken Fußes die Zahnbürste. So
putze ich mir die Zähne, während ich mich wasche.
Damit spare ich schon wieder Zeit. Mit dem rechten

Fuß säubere ich das Gesicht. Die Zähne sind geputzt. Damit ist der linke Fuß zum Kämmen frei. Auch die Hände hängen in der Zwischenzeit nicht faul herum. Die seifen Rücken und Beine ein. Zack, zack, geht das. Ich bin nicht nur blitzschnell, sondern auch sehr gelenkig«, sagt der blitzschnelle Mann, der immer schneller spricht.

Moritz will gerade den Mund öffnen, um zu sagen, dass er langsamer reden soll. Da legt der Mann in der Badewanne schon wieder los: »Wie du weißt, sind meine Hände mit Rücken und Beinen beschäftigt. Logischerweise ist damit der rechte Fuß zum Rasieren frei. Das tut er auch. Der linke kämmt und scheitelt meine Haare. Die Seife lege ich dann mit der rechten Hand beiseite, während die linke den Kaffeeautomaten vor der Dusche anknipst. Eventuell kratze ich mich mit dem rechten Fuß am Kopf, natürlich nur dann, wenn's mich juckt. Alles in allem dauert das bis hierher einunddreißig Sekunden. Und jetzt muss irgendwas schief gegangen sein. Schließlich bin ich patschnass und der Geschmack in meinem Mund . . . pfui Teufel. Aber wo ist der Fehler passiert?

Als Nächstes nimmt der linke Zeigefinger die Hose und der rechte den Pullover. Mit Schuhen, Strümpfen und dem Rest beschäftigen sich die arbeitslosen Finger. Inzwischen ist der Kaffee heiß. Ich gieße ein, rühre um, fertig. Dazu Zigarette geraucht, und zwar mit der linken Hand, mit der rechten schnell die Zeitung aufgeschlagen. Weil Obst so gesund ist, pelle ich beim Zeitunglesen immer beidfüßig eine Apfelsine ... Donnerwetter!«, unterbricht sich der blitzschnelle Mann und hüpft aus der Badewanne. Dann schüttelt er seinen Kopf, dass die Tropfen fliegen. »So was Dummes«, sagt er, »jetzt weiß ich, warum das heute nicht geklappt hat. Klar, ich bin beim Anziehen unter der Dusche stehen geblieben. Hab wohl gedacht, so geht's noch blitzschneller. Deswegen tropfe ich. Und dann muss ich die Seife in die Kaffeetasse gelegt haben. Kaffee drauf, umrühren, fertig, trinken und den Seifenkaffee runterschlucken. Brr . . .«, schüttelt sich der Mann. »Damit ist der Seifengeschmack auch klar.« Immer schneller redet er. Am Schluss keucht er noch: »Hab keine Zeit mehr, gar keine Zeit mehr.« Dann rennt er aus dem Badezimmer. Langsam zieht sich Moritz weiter an. Ein sehr aufregender Mann war das, findet er. Und ich werde mir auf keinen Fall ein Beispiel an ihm nehmen.

Gleich darauf kommt seine Mutter zurück. »Bist ja immer noch nicht fertig«, meint sie. »Bück dich mal zu mir runter«, sagt der kleine Moritz. Dann hält er seiner Mutter den Mund zu, damit sie nicht schimpfen kann. Und er flüstert ihr ins Ohr: »Du bist gar nicht die Schnellste im Haus. Es gibt einen, der ist noch schneller als du. Aber dafür ist er auch patschnass und hat Seifengeschmack im Mund. Das kommt davon, wenn man sich zu sehr beeilt.«

Die beiden setzen sich auf den Badewannenrand. Das ist eigentlich ganz gemütlich, wenn man so nebeneinander sitzt, fällt Moritz auf. Dann erzählt er die Geschichte vom blitzschnellen Mann aus dem vierten Stockwerk. Am Schluss sagt Moritz: »Weißt du, am besten ist, wenn du mir ein bisschen von deinem Rumflitzen beibringst und ich dir was von meinem Rumtrödeln. Aber wir fangen mit dem Trödeln an. Das lernst du bestimmt ganz leicht. Einverstanden?«

Seine Mutter sieht ihn an, lächelt ein bisschen und sagt dann auch: »Einverstanden.«

Moritz entdeckt einen Stern

Moritz liegt im Bett und sieht zum Fenster hinaus. Direkt neben dem Schornstein des Nachbarhauses blinkt es hell. Da steht der Stern, den Moritz jeden Abend an dieser Stelle sieht.

Ob den außer mir überhaupt schon jemand bemerkt hat?, überlegt er. Es gibt ja viele Sterne. Da kann man schon mal einen übersehen. Der steht auch besonders klein und versteckt neben dem Schornstein. Richtig unentdeckt wirkt er dadurch. Den möchte ich mal besuchen, wünscht sich Moritz. Einfach so hinüberfliegen.

Moritz steht noch mal auf. Im Flurschrank sucht er das Fernglas. Ganz leise tut er das, trotzdem hört er die Stimme seines Vaters aus dem Wohnzimmer:
»Was suchst du denn?«
»Das Fernglas. Wir haben doch eines, mit dem man im Dunkeln gucken kann. Ich will Sterne ansehen und außerdem . . .« Was er außerdem noch tun möchte, verrät er lieber nicht. Vielleicht würden es seine

Eltern verbieten, dass er kurz vor dem Schlafen noch schnell einen fremden Stern besucht. Das hat er sich nämlich ganz fest vorgenommen.

Moritz hält das Fernglas vor die Augen. Groß sieht er das Dach des Nachbarhauses, den Schornstein und schließlich seinen Stern. Der hat sogar ein Gesicht, wundert er sich. »Guten Abend«, grüßt er ihn, obwohl ihn der Stern sicher nicht hört. Und dann sagt Moritz noch: »Ich besuch dich gleich.«

Er weiß auch genau, wie er dort hinkommt. Zum Glück ist der Stern nämlich nicht allzu weit entfernt. Ein Stück am Schornstein des Nachbarhauses vorbei und schon bin ich da, überlegt Moritz. Dazu brauche ich eigentlich nur eine Rakete. Gar keine große, mehr eine kleine für kleine Sterne.

Falls der Stern wirklich noch unentdeckt ist, will Moritz dort eine Fahne aufstellen. Das tun alle Entdecker und Raumfahrer. Er hat das im Fernsehen gesehen. Kaum steht so einer mit beiden Füßen auf einem Stern, pikst er seine Fahne in den Boden. Moritz wird die kleine Moritzfahne aufstellen. Die ist besonders bunt, außerdem ganz besonders klein und aus Papier, weil Moritz keinen Stoff in seinem Zimmer findet.

Den Raketenanzug hat er schon an. Das ist sein blauer Schlafanzug. Moritz legt ein Kissen auf den Stuhl.

Und jetzt ist der Stuhl kein Stuhl mehr, sondern eine Rakete. Eine Stuhlrakete nämlich.

Ganz fest schließt Moritz die Augen und denkt, dass seine Rakete unbedingt fliegen soll. Sie muss einfach. Und dann zählt er: »Fünf, vier, drei, zwei, eins, null.«

Plötzlich zischt es. Aha, denkt Moritz, die Rakete und ich zischen ab. Er hält sich gut fest. Da knallt es. Jetzt habe ich wohl die Schallmauer oder so was durchbrochen, denkt Moritz. Seine Augen öffnet er nicht. Er hat nämlich Angst, dass ihm schwindlig wird, wenn er nach unten sieht. Kühl ist es während des Fluges. Das nächste Mal werde ich mir einen Schal umbinden, nimmt sich Moritz vor. Und weil er neugierig ist, öffnet er seine Augen doch einen Spalt. Da . . . ein Schatten. Das wird der Schornstein sein. Jetzt kann es nicht mehr lange dauern.

Im nächsten Augenblick landet Moritz mit seiner Rakete schon auf dem kleinen Stern neben dem Schornstein. Leider knickt dabei das rechte hintere Raketenbein um. Deswegen landet Moritz nicht richtig auf dem Stern. Er fällt mit lautem Gepolter darauf.

»Hoppla, warum so hastig?«, erkundigt sich da jemand mit tiefer Stimme.

»Verzeihung«, entschuldigt sich Moritz und sieht

sich um, zu wem die Stimme gehören könnte. Aber da ist niemand, außer dem Stern.

»Macht nichts«, erwidert die Stimme. »Übrigens, falls du dich wunderst, ich bin ein sprechender Stern.« Erst mal ist Moritz stumm, genauso stumm, wie er sich Sterne eigentlich immer vorgestellt hat. Wenn die alle reden würden, wäre das ziemlich laut am Himmel, wundert er sich. Aber vielleicht kann das nur dieser Stern. Ist eben ein ungewöhnlicher Stern. Und er ist nicht nur ungewöhnlich, sondern auch ein wenig rußig.

»Na, was ist?«, hört Moritz die Stimme. »Hast du keine Fahne?«

»Natürlich habe ich eine mit. Sie ist aber klein. Und ich möchte sie nur benutzen, wenn ich wirklich der Erste bin, der zu dir kommt.«

»Bist du wirklich«, sagt der Stern. »Und eine kleine Flagge passt ganz prächtig zu einem kleinen Stern und seinem kleinen Entdecker.«

Moritz pikst die Moritzflagge in den Boden. »Aua!«, ruft der Stern. »Das pikst ja! Aber das muss wohl so sein, wenn man entdeckt wird«, seufzt er und fragt dann: »Wie heißt du eigentlich?«

Der kleine Moritz sagt seinen Namen. »Klingt schön«, lobt der Stern. »Ich warte schon lange neben dem Schornstein darauf, dass du mich endlich be-

merkst und mich dann auch mal besuchst. Ich habe
mir nämlich meinen Entdecker so vorgestellt, wie du
aussiehst. Kleine Sterne brauchen kleine Entdecker.
Vor den Leuten, die sonst in Raketen herumfliegen,
habe ich mich versteckt. Für deren riesige Raketen
war ich sowieso zu klein, zu nah und zu unwichtig.
Und sie waren mir zu groß und zu wichtig. Beinahe
hätte ich es vergessen«, sagt der Stern noch, »ich habe was für dich. Liegt schon ewig hier herum.«
Gleich neben Moritz liegt wirklich etwas. Er bückt
sich und hebt es auf. Das sieht sehr alt und etwas

schmutzig aus. Deswegen putzt Moritz mit seinem Schlafanzug daran herum.

»Hoffentlich schimpft deine Mutter nicht über den schmutzigen Ärmel«, meint der Stern. »Leider ist es hier nicht so ganz sauber. Schließlich stehe ich jeden Abend neben dem Schornstein und da rußt und qualmt es. Eigentlich bin ich sonst ein sauberer Stern, bade jedes Jahr einmal in der Milchstraße.«

Moritz putzt immer noch an dem Geschenk herum. Unter dem Ruß glänzt und blitzt es jetzt. Da merkt der kleine Moritz, dass er eine richtige Krone in der Hand hält. »Für meinen Entdecker«, sagt der Stern mit feierlicher Stimme. »Magst du sie?«

Moritz freut sich und der Stern auch, weil er merkt, dass sich Moritz freut. Der wollte nämlich schon immer mal wissen, wie man sich mit so einem goldenen Ding auf dem Kopf fühlt.

»Ist das eine richtige Königskrone?«, fragt er.

»Eine ganz echte«, sagt der Stern. »Die hat mir mal jemand an den Kopf geschmissen. Das muss ich dir unbedingt erzählen. Früher wollte ich nämlich von einem ganz tollen Entdecker entdeckt werden. Am liebsten von einem König. Da hab ich dann vor einem Palastfenster rumgefunkelt und geblitzt, damit der König mich bemerkt. Aber der wollte mich nicht entdecken, der wollte nur schreien. ›Was ist denn das für ein mieser, kleiner Stern?‹, hat er gebrüllt. ›Weg damit!‹ Ich hab gedacht, vielleicht strahl ich noch nicht genug. Hab also noch toller rumgefunkelt. Aber der König ist dadurch nur immer wütender geworden. Schließlich hat er vor lauter Wut mit seiner Krone nach mir geworfen. Und er hat mich auch getroffen. Das war nämlich ein sehr starker König, der sehr weit werfen konnte, vor allem mit Kronen. Leider ist dabei eine Zacke abgebrochen.«

»Ach, das macht nichts«, sagt Moritz, und als der Stern bittet: »Setz die Krone doch mal auf«, lässt er sich das nicht zweimal sagen.

»Sieht gut aus«, lobt der Stern. »Ich bin richtig stolz auf meinen Entdecker.« Moritz sagt erst mal nichts, bis der Stern sich räuspert und fragt: »Was ist denn?«

»Ganz schönes Gefühl so mit Krone auf dem Kopf«, sagt Moritz. »Eigentlich bin ich ein König, wenn ich eine Krone aufhabe. Daran muss ich mich erst gewöhnen.«

»Jaja«, kichert der Stern. »Du bist der König mit der Stuhlrakete vom sehr kleinen und nicht ganz sauberen Stern, den bisher niemand richtig bemerken wollte. Ein tolles Königreich. Aber ich mag meinen König.«

Nun ist der kleine Moritz also ein richtiger König. Das ist sein Stern und dieses Königreich hat sich sei-

nen König sogar selbst ausgesucht. Moritz kann nun
befehlen. Aber was befehl ich nur?, überlegt er.
Und dann sitzt er auf seinem Königreich und ihm
fällt noch etwas ein. Wem kann ich denn eigentlich
befehlen? Obwohl ich König bin, fühle ich mich gar
nicht mächtig. Alle meine Befehle müsste ich selbst
ausführen, weil es hier nur mich gibt. So macht das
bestimmt keinen Spaß, meint er. Deswegen gibt sich
der kleine König Moritz auch nur einen einzigen Befehl: Moritz, nimm die Krone ab, heißt der. Und Mo-

ritz gehorcht sich sofort. Vorsichtig legt er die Krone wieder auf den Stern.

Er setzt sich auf seinem Kissen zurecht, zieht die Beine an und guckt zum dunklen Himmel, zum Mond und den anderen Sternen.

»Von da oben komme ich«, sagt sein Stern. »Mein großer Bruder ist der Mond. Vor ein paar Millionen Jahren bin ich ihm mal mit Krach und Getöse davongesprungen. Dort oben steht übrigens auch die ganze andere Verwandtschaft herum. Die sind alle viel älter als ich und deswegen auch völlig stumm. Nur sehr junge und sehr kleine Sterne wie ich reden viel.«

»Die wirken alle so zackig«, sagt Moritz. »Ich hätte Angst, einen anzufassen. Zum Glück bist du überhaupt nicht zackig, sondern ziemlich kullerig.«

»Die tun doch nur so zackig«, sagt der Stern. »In Wirklichkeit sind sie ganz anders.«

Die beiden sehen hinüber zum Wohnzimmer, wo die Eltern von Moritz vor dem Fernsehapparat sitzen.

»Der Film ist gleich zu Ende«, erschrickt Moritz. »Danach kommen meine Eltern immer zu mir ins Zimmer. Ich muss schnell nach Hause zurück. Sie wissen ja nicht, wo ich bin.«

»Schön, dass du mich besucht hast, auch wenn es nur kurz war«, sagt der Stern. »Komm bald wieder. Ich fühle mich hier oben ziemlich allein. Das nächste Mal rasen wir die Milchstraße runter. Ich wasch mich dann auch. Wir ärgern den alten Mond und ziehen Satelliten an den Antennen, dass sie piepsen. Ich kann nämlich nicht nur auf der Stelle stehen, sondern auch rumfliegen, ganz wie ich will. Und das schafft außer mir kein Stern.«

»Ich komm bestimmt bald wieder«, verspricht der kleine Moritz. Schnell repariert er das Raketenbein. Gerade setzt er sich auf seine Stuhlrakete und kneift die Augen zu, als der Stern ruft: »Willst du die Krone nicht mitnehmen?«

»Ich lasse sie hier«, sagt Moritz. »Mit Krone auf dem Kopf würden mich zu Hause bestimmt alle auslachen.« Jetzt zählt er: »Fünf, vier, drei, zwei, eins, null.« Da zischt seine Rakete ab. Dann knallt es und wird kühl. Gleich darauf landet Moritz auch schon im Kinderzimmer. Das hat gerade noch rechtzeitig geklappt, bevor die Eltern zu ihm kommen. Kaum liegt er richtig im Bett, sind sie nämlich schon da und wünschen: »Schlaf gut, kleiner Moritz.«

»Soll ich euch was verraten?«, fragt Moritz und versteckt seinen schmutzigen Schlafanzugärmel unter der Bettdecke. Sie nicken. Und dann erzählt Moritz, dass er einen Stern entdeckt hat, den bisher alle übersehen haben. Einen richtigen, freundlichen, kleinen Stern, nach dem mal ein König mit seiner Krone geworfen hat.

Mehr erzählt Moritz nicht. Er könnte ja sagen, da drüben neben dem Schornstein des Nachbarhauses steht er. Besucht habe ich ihn auch schon. Aber das tut er nicht. Sonst wollen meine Eltern das nächste Mal nur mit, denkt er. Und für so viel Besuch ist sein kleiner Stern einfach zu klein.

Moritz und der Mann ohne Angst

Moritz liegt im Bett und denkt nach. Er hat heute nämlich einen Mann vor einem Jahrmarktzelt gesehen. Groß, lachend und mit schwarzen Haaren stand er da. Ein anderer hat laut gerufen: »Dieser Mann kennt keine Angst! Er springt aus großer Höhe in ein winziges Wasserbecken! Er zieht den Löwen am Schwanz! Kommen Sie ins Zelt! Sie werden staunen!« So sieht also ein Mann aus, der sich vor nichts fürchtet, hat Moritz gedacht. Gerne wäre er mit den vielen anderen Menschen ins Zelt gegangen. Aber er hat nur noch fünfzig Pfennig in der Tasche gehabt, und das ist zu wenig für eine Eintrittskarte. Für sein letztes Geld hat er sich dann Zuckerwatte gekauft und ist nach Hause gegangen.

Moritz liegt da und denkt an den Mann mit den schwarzen Haaren. Er kann sich gar nicht vorstellen, wie das ohne Angst ist. Ein bisschen fürchtet er sich nämlich sogar, wenn er hier so ganz allein in seinem dunklen Zimmer liegt. Und er möchte den Mann fragen: »Sag mal, stimmt das wirklich, dass du niemals Angst hast?«

Der kleine Moritz sieht ihn richtig vor sich. Schwarzhaarig, groß und lächelnd steht er da. So einen Freund möchte ich haben, denkt Moritz im fast dunklen Zimmer.

Und da sitzt der Mann plötzlich auf dem Stuhl neben dem Bett. Bevor Moritz noch erschrecken kann, sagt er: »Hallo, ich bin's, der Jo. Du hast mich hergewünscht. Hier bin ich. Woher kenn ich dich nur?«

»Wir haben uns auf dem Jahrmarkt gesehen«, sagt Moritz. »Ich hab aber kein Geld für eine Eintrittskarte gehabt. Ich heiße übrigens Moritz. Bleibst du ein bisschen bei mir? Ich freu mich nämlich, dass du gekommen bist.«

Jo lächelt und nickt und dann fragt er: »Warum schläfst du nicht, Moritz?«

»Weil es hier dunkel ist«, antwortet der. »Und wenn das so ist, habe ich immer ein wenig Angst. Nicht viel, aber gerade genug, dass es mir die Augen offen hält. So was kennst du nicht, stimmt's? Du fürchtest dich ja vor niemandem und du läufst bestimmt auch vor niemandem davon. Das ist sicher ganz toll.«

»Willst du wissen, wie das ist?«, fragt der Mann. »Dann komm mit.« Im nächsten Augenblick sitzt der kleine Moritz auf seinen Schultern und sie gehen zum Jahrmarkt. In den Buden ist es dunkel. Nur noch im großen Zelt leuchten die Scheinwerfer. Der Mann an der Kasse schläft. Sie gehen einfach an ihm vorbei und in die Manege.

Dort übt ein Mann im roten Anzug Messer werfen. Ein anderer lässt Löwen durch Reifen hüpfen. Auf dem Rücken eines Elefanten reitet eine Frau. Und Jo zeigt seinen gefährlichen Sprung von der höchsten Stelle des Zeltes in ein kleines Wasserbecken. Danach ruft er: »Hallo! Messerwerfer!« Scharfe, glänzende Messer sausen knapp an Jo vorbei. Er lacht nur darüber und klettert auf ein Seil, balanciert und schlägt einen Salto. Am Schluss steckt er seinen Kopf in den Löwenrachen voll scharfer Zähne.

Staunend sitzt Moritz im Sand und denkt: Selbst wenn ich keine Angst hätte, würde ich meinen Kopf nicht zwischen Löwenzähne stecken. Da riecht es bestimmt schlecht. Aber ich würde auf einem Pony reiten. Und ich würde an großen Hunden vorbeigehen, ohne zu zittern. Außerdem würde ich beim Radfahren eine Hand vom Lenker nehmen.

»Mensch, das war toll!«, ruft Moritz begeistert. Und dann erschrickt er. Riesengroß trottet der Elefant auf Jo und ihn zu. »Vorsicht!«, schreit der kleine Moritz, springt zur Seite und rennt weg.

Natürlich bleibt Jo stehen. Er hat keine Angst und läuft vor niemandem davon. Toll findet der Moritz das. Aber dann staunt er, denn der Jo jammert: »Ist mir dieses Rindvieh schon wieder auf den Zeh getreten. Das kommt davon, wenn man nicht davonläuft!« Moritz sieht sich den Zeh an. Dick und geschwollen ist der. Dann dreht Moritz sich zum Elefanten um. Der zwinkert mit dem rechten Auge, hebt den Rüssel und geht aus dem Zelt.

Der Mann ohne Angst sitzt im Sand, streichelt seinen Zeh und sagt: »Bitte, kleiner Moritz, gib mir etwas Angst von dir, damit ich das nächste Mal weglaufen kann, wenn es nötig ist.«

»Kannst du haben«, sagt Moritz. »Wie viel brauchst du denn? Reicht ein halbes Pfund?«

Nachdenklich sieht Jo seinen Zeh an und fragt: »Kann es ein bisschen mehr sein?« Und im nächsten Augenblick hat Moritz weniger Angst, bestimmt ein Pfund. Er fühlt sich plötzlich ganz erleichtert.

Moritz liegt in seinem Bett. Auf dem Stuhl sitzt kein Jo mehr. Schade, denkt er, es war so, als gäbe es ihn wirklich. Schnell geht er ins Wohnzimmer zu seinen Eltern und fragt: »Haben eigentlich alle Menschen Angst?«
»Ich glaube schon«, meint seine Mutter.
»Nur mein Freund Jo hatte bisher keine«, sagt der kleine Moritz. »Er ist vor niemandem davongelaufen. Dafür hat er einen sehr dicken und roten Zeh gehabt. Aber das muss ich euch ganz genau erzählen.«

Moritz wünscht sich einen Wecker

Moritz liegt im Bett. Er denkt daran, dass er heute Morgen zu spät zur Schule gekommen ist. »Wir sind leider nicht rechtzeitig aufgewacht«, hat er sich bei der Lehrerin entschuldigt.

Sie hat nicht geschimpft und nur vorgeschlagen: »Kauft euch doch mal einen Wecker.«

»Wir haben einen«, hat der kleine Moritz geantwortet. »Aber manchmal vergessen meine Eltern ihn aufzuziehen. Oder er rappelt nur so leise, dass man ihn kaum hört. Manchmal legt ihn mein Vater unter das Kopfkissen und schläft weiter. Und es kommt vor, dass der Wecker uns gar nicht weckt«, ist Moritz eingefallen.

»Ein komischer Wecker«, hat die Lehrerin gesagt.

Der kleine Moritz in seinem Bett hofft, dass er morgen früh pünktlich wach wird. »Ich müsste einen Wecker ganz für mich alleine haben. Am besten wäre ein lebendiger«, denkt er laut. »Ich wünsche mir einen richtig lebendigen und sehr pünktlichen Wecker.

Und den möchte ich nicht erst zum Geburtstag oder zu Weihnachten, sondern jetzt gleich.«

Einen Augenblick ist es ruhig im halbdunklen Zimmer. Dann hört Moritz plötzlich ein leises, freundliches Ticken. Von draußen kommt das. Jetzt klopft jemand an die Scheibe und flüstert durch den offenen Fensterspalt: »Lass mich herein. Es regnet, mein Zifferblatt beschlägt und meine Zahnräder werden nass. Ich bin nicht wasserdicht.«

Moritz springt aus dem Bett und knipst das Licht an. Er freut sich über den Besuch mit Zifferblatt und Zahnrädern. Leider sieht man die nicht, denn der Mann trägt einen dunklen Mantel. Groß und rund steht er im Zimmer und zieht seinen Hut. »Guten Abend«, wünscht er. »Ich bin ein lebendiger Wecker. Das Gegenteil vom Sandmännchen sozusagen.«

»Ich bin Moritz«, stellt sich Moritz vor. »Und ich habe mir gewünscht, dass du kommst.« Moritz legt sich wieder hin.

Der Mann setzt sich auf den Stuhl am Bett. Sein Ticken wird lauter und unregelmäßiger. »Tick, tack, tick, tock«, dröhnt das. »Oh, Entschuldigung«, sagt er und hält seine Hand vor den Mund. »Ich ticke zurzeit nicht sauber.«

Interessiert hört Moritz zu und fragt dann: »Hast du eigentlich schon immer getickt?«

»Solange ich denken kann«, antwortet der Mann. »Bei uns in der Familie ist das üblich. Schon meine Großmutter tickte, allerdings sehr leise. Mein Vater tickte deutlicher. Ein wenig strenger klang er auch. Und weil ich schon als Kind pünktlich und ein wenig laut war, bin ich Wecker geworden. Sogar den schwierigsten Langschläfer wecke ich. Ich schreie, schüttle, pfeife, belle, ziehe an seinen Ohren. Ich rufe ›Guten Morgen‹ und ›Grüß Gott‹, ›Tach‹ und ›Hallo‹, bis er wach ist.«

Der kleine Moritz richtet sich auf und fragt: »Hast du schon mal jemanden mit einem Kuss geweckt? Ich habe das am Sonntag bei meinem Vater probiert.

Zehn Uhr war es da schon und er schnarchte immer noch. Ich hab ihn aufs Ohr geküsst. Er ist fast aus dem Bett gefallen, so hat das geknallt.«

»Interessante Weckmethode«, stellt der Wecker fest. »Muss ich mir unbedingt merken.« Dann seufzt er: »Leider nützt mir zurzeit auch die beste Weckmethode nichts. Ich bin kein guter Wecker mehr. Ich gehe vor und gehe nach. Ich ticke nicht sauber. Dazwischen dröhne ich los wie eine Kirchturmglocke. Dann mache ich ›Kuckuck-Kuckuck‹, obwohl ich nirgends eine Kuckucksuhr in der Verwandtschaft habe.«

»Warst du schon mal beim Arzt?«, fragt Moritz.

»War ich«, antwortet der Mann. »Der Doktor klopfte mich ab. Er sah mich interessiert an und drückte ein bisschen an meinem Gehäuse herum. Dann sagte er, dass er in meinem Fall nicht helfen könnte. ›Sie sollten zum Uhrmacher gehen‹, schlug er mir vor. Da war ich. Der Uhrmacher staunte erst mal, als er mich sah und hörte. Dann reinigte er mich und setzte mir eine neue Feder ein. Ich wurde geölt und aufgezogen und ging wieder. Ich ging aus dem Laden, meine ich. Richtig gegangen, als Wecker, bin ich auch danach nicht. Vielleicht ist bei mir eine Schraube locker.«

Traurig tickt der Weckermann vor sich hin. »Jetzt muss ich mich schnell aufziehen«, sagt er.

»Und wo wirst du aufgezogen?«, will der kleine Moritz wissen.

»Hier natürlich«, sagt der Mann und zeigt auf seinen Bauchnabel.

»Schon meine Großmutter hat sich da aufgezogen«, erklärt er und holt einen großen Schlüssel aus der Tasche. Beim Aufziehen kichert er und meint: »Das kitzelt immer so schön.«

Der kleine Moritz deckt sich gut zu. Unruhig rutscht der Mann auf seinem Stuhl hin und her. »Bevor ich verschwinde, muss ich dir noch was verraten«, sagt er. »Ich schäme mich fast. Aber ich gehe so falsch, dass ich mich zurzeit selbst jeden Tag wecken lasse. Von einem ganz normalen Kaufhauswecker. Stell dir das vor. Gestern bin ich vier Stunden vorgegangen. Heute gehe ich schon zwei Stunden nach. Ich komme ganz durcheinander.«

Moritz tröstet ihn. »Vielleicht wird ja alles wieder gut«, sagt er.

Im nächsten Augenblick schrillt der Mann plötzlich los. »Das ist mir furchtbar unangenehm«, entschuldigt er sich. »Meine Glocke ist wild geworden. Sie lässt sich nicht mehr abstellen.« Rot im Gesicht, sitzt er auf dem Stuhl und klingelt. Leiser und leiser wird er schließlich. Jetzt tickt er noch einige Male unregelmäßig. Dann bleibt er stehen. »So geht das nicht weiter«, meint er. »Ich muss unbedingt wieder zum Uhr-macher. Vielleicht bekommt mir sein Öl nicht. Ich fühle mich richtig fettig.«

Die beiden verabschieden sich voneinander. Der Weckermann steigt aus dem Fenster. Solange Moritz den Mann auf dem Fußweg sehen kann, winkt er ihm hinterher. Dann ist er allein in seinem Zimmer. Morgen will ich der lebendige Wecker für meine Eltern sein, nimmt sich Moritz vor. Wahrscheinlich schlafen sie jetzt schon, denkt er. Da hört er Schritte auf dem Flur. Das ist sein Vater. Moritz springt aus dem Bett und geht zu ihm.

»Nicht vergessen«, sagt er, »morgen früh müssen wir drei pünktlich aufstehen. Wenn es wieder nicht klappt, bestell ich den Herrn Wecker.«

Ungläubig fragt der große Moritz: »Wen bestellst du?«

»Ach«, sagt der kleine Moritz und sieht zu seinem Vater hinauf. »Das verstehst du nicht. Ich lege mich schnell zu euch ins Bett und erklär euch alles ganz genau.«

Erwachsenen muss man wirklich ziemlich viel erklä-ren, denkt er noch.

Moritz hört dem Nilpferd zu

Die Mutter von Moritz besucht eine Nachbarin. Der große Moritz ist beim Arbeiten. Und deswegen sitzt der kleine Moritz allein in seinem Zimmer. Macht nichts, sagt er sich, da denke ich mir einfach Besuch her.

Er will sich etwas sehr Schönes in sein Zimmer denken. Walli nämlich, die prächtigste und einzige Nilpferddame im Zoo. Der Moritz besucht sie manchmal Heute soll sie ihn wieder einmal besuchen.

»He, Walli!«, ruft er und schließt die Augen. Das reicht schon. In null Komma nichts hört er ein lautes »Puuuh«. So ein Prusten, als würde ein Nilpferd aus dem Wasser auftauchen.

Da taucht die Walli wirklich auf, beim Moritz nämlich. Sehr groß steht sie in seinem Zimmer und sagt ganz deutlich: »Guten Tag.« Dann klappt sie ihren Mund weit auf, kichert und sagt: »Muss dir unbedingt was erzählen: Wir haben einen neuen Löwen bekommen, ulkiges Tier. Ich kenne ihn noch von früher, bevor er in den Zoo kam. Wenn er auf eine Lichtung sprang, waren wir alle still. Er peitschte den Boden mit seinem Schwanz, dass der Staub aufwirbelte, brüllte und ließ seine Augen funkeln. Der wildeste und gefährlichste Löwe weit und breit war er. Und er hatte die lauteste Stimme. Manchmal fiel ihm selbst auf, wie stark, schnell und schön er war. Dann ging er zum Bach, beugte sich über das Wasser und spiegelte sich begeistert. Am liebsten stellte er sich auf einen Hügel und brüllte das Abendrot an. Weil das nicht antwortete, war er überzeugt, dass er besser und lauter brüllen konnte als das Abendrot. Obwohl das doch so groß und schön ist.

Seit einigen Jahren wird dort für das tollste Tier ein erstklassiger Orden verliehen. So ein buntes, rundes Ding aus Blech, auf das man richtig stolz sein kann. Natürlich erhielt der Löwe den Orden. Ein Oberaffe kam auf die Festwiese und heftete ihm das bunte Blechding an die Brust. Dann hielt der Affe eine Festansprache und nannte den Löwen ›Löwigliche Hoheit‹. Wir klatschten begeistert Beifall. Zur Feier des Tages gab der Löwe einige Flaschen Kokosmilch aus. Das geschah jedes Jahr. Er bekam viele Orden. Und er wünschte, dass wir ihn ›Löwe Furchtbar der Erste‹ nannten.

Nach jedem Orden schritt er ein bisschen stolzer als

vorher durchs Gras. Wenn junge Löwen ihn fragten, wie man denn so werden könnte wie er, sagte er ganz langsam: ›Mhhh, das ist natürlich furchtbar schwierig. Man muss wohl dazu geboren sein.‹ Die Jungen sahen ihn ehrfürchtig an und trollten sich. Meistens brüllte er sie zurück und fragte: »Habt ihr überhaupt schon ein Autogramm von mir?«

Autogramme geben nur ganz berühmte Leute. Sie holen ein Foto aus der Tasche. Auf dem Foto lächeln sie und sehen freundlich aus. Dann schreiben sie schwungvoll ihren Namen quer über das Bild. Genauso machte es der Löwe. Er schrieb quer über das Bild ›König Furchtbar der Erste‹.

Er nannte sich jetzt König. Ach ja, er lief auch immer noch einigermaßen schnell. Aber doch nicht mehr so schnell wie früher. Die Orden an seiner Brust behinderten ihn beim Laufen. Und wenn er sich an Antilopen heranschleichen wollte, die er am liebsten fraß, klapperten die Orden so laut, dass die Tiere ihn meilenweit hörten. Sie lachten und riefen: ›Hört mal, wer da angeschlichen kommt.‹ Und dann trabten sie davon. Jedenfalls ernährte sich Löwe Furchtbar der Erste nur noch von schwerhörigen Tieren. Und davon gab es sehr wenige.

Seine Orden wollte er auf keinen Fall abnehmen. Obwohl er längst nicht mehr so gut aussah wie früher.

Das Fell war ziemlich dünn, man konnte die Rippen zählen. Und seine Mähne war auch nicht mehr die dichteste. Es gab sogar Tiere, die behaupteten, seine Zähne seien fast stumpf.

Eines Tages hatte er eine Idee. Er ging bis hierher in diese Straße. Er war ganz brav, ging nur bei Grün über die Kreuzung. Deswegen hielt ihn wohl auch niemand an. Dann meldete er sich beim Zoodirektor , stellte sich als ›König Furchtbar der Erste‹ vor und wollte im Zoo aufgenommen werden.

Natürlich konnte der Zoodirektor ganz gut Löwisch sprechen. Er hörte sich an, was der Löwe erzählte und stellte ihn dann ein: ›Freies Fressen, Majestät‹, sagte er, ›haben Sie bei uns. Die Orden müssen Sie tragen, denn schließlich sind Sie der einzige Löwe mit Orden.‹ ›Ehrensache‹, antwortete der Löwe und ließ sich in seinen Käfig führen. Da sitzt er nun, brüllt und lässt die Orden funkeln.

So . . .«, sagt das Nilpferd und sieht auf seine Armbanduhr, die es am rechten Bein trägt. »Ich hab schon viel zu lange geredet. Hab's eilig. In zehn Minuten gibt's Fressen.«

Walli verschwindet. Gleich darauf hört Moritz die Tür. Diesmal kommt da kein Nilpferd, sondern seine Mutter und fragt: »Warum ist eigentlich die Treppe so nass?«

»Ach«, sagt der kleine Moritz, »das war bestimmt mein Nilpferd. Es hat wohl vergessen sich abzutrocknen, bevor es hochgekommen ist. Aber dafür hat es mir was erzählt.«

»Richtig erzählt . . . und du hast es verstanden?«, fragt seine Mutter ungläubig.

»Klar«, antwortet Moritz. »Ich verstehe Nilpferde sogar besonders gut. Sie haben einen großen Mund und sprechen sehr deutlich. Darüber musst du dich gar nicht wundern. Engländer haben einen viel kleineren Mund und sprechen viel undeutlicher. Trotzdem verstehst du Englisch. Und das finde ich viel schwieriger, als Nilpferde zu verstehen. So versteht jeder von uns was anderes. Aber jetzt muss ich dir unbedingt die Geschichte erzählen.«

Und die erzählt der kleine Moritz dann auch.

Moritz entdeckt was im Flurschrank

»Moritz, hilf mir mal ein bisschen«, schlägt seine Mutter vor. »Du könntest Staub saugen oder einkaufen.«
»Kann ich nichts Schöneres für dich tun?«, will Moritz wissen. »Du hast doch Pralinen vom großen Moritz geschenkt bekommen. Wenn du die essen willst, helfe ich dir sofort dabei.«
Seine Mutter schüttelt den Kopf. Sie geht zum Einkaufen, der Moritz entscheidet sich seufzend fürs Staubsaugen.
Er ist allein mit sich und der Wohnung. Und er hofft ganz fest, dass gleich irgendwas Überraschendes passiert, weil Staub saugen langweilig ist. Der Staubsauger steht im Besenschrank. Moritz geht hin und will die Tür öffnen. »Besetzt!«, hört er da und denkt: Aha, das ist also die Überraschung.
Im Besenschrank steckt jemand. Und dieser Jemand kichert, pfeift und singt leise vor sich hin. Neugierig klopft der kleine Moritz an die Schranktür.
»Herein, wenn's der Moritz ist«, hört er eine Frauen-

stimme. Zögernd öffnet er die Tür ... und staunt. Auf dem Staubsauger sitzt nämlich eine ziemlich kleine, schöne Frau. Sie lächelt ihn freundlich an und sagt: »Der Staubsauger ist besetzt.«

»Klar«, sagt der kleine Moritz, »du sitzt darauf. Aber was machst du in unserem Besenschrank?«

»Euer Besenschrank?«, fragt sie erstaunt. »Das ist nicht euer Besenschrank. Das ist meine Garage.«

»In einer Garage stehen Autos oder Ähnliches«, sagt Moritz. »Ich sehe hier keines.«

»Und was ist das?«, fragt sie lächelnd und zeigt auf den Staubsauger.

»Ein Staubsauger«, sagt der kleine Moritz. »Jedes Kind weiß, dass das kein Auto ist.«

»Muss ich dir denn alles erklären?«, stöhnt sie und schüttelt den Kopf. »Also gut, meinetwegen. Fangen wir von vorn an. Erst mal bückst du dich und siehst dir das Schild da unten an. Kannst du überhaupt schon lesen?«

Natürlich kann Moritz das. Er bückt sich und buchstabiert ein Wort, das sehr klein und knapp über dem Fußboden am Besenschrank steht. »Garage«, liest er.

»Jetzt weißt du's«, sagt die Frau. »Das ist die Garage für meinen Staubsauger. Die restliche Wohnung könnt ihr gern benutzen. Aber versprich mir eines: Stör mich bitte nicht bei der Arbeit.«

»Was arbeitest du denn?«, fragt Moritz.

Die schöne, kleine Frau beugt sich nach vorn und flüstert ihm geheimnisvoll ins Ohr: »Ich arbeite als Hexe und bin auch eine. Auf dem Staubsauger reite ich durch die Luft, denn Besen benutzt man dafür schon lange nicht mehr.«

Moritz sieht sich die Frau genau an. Immer wieder schüttelt er den Kopf und sagt: »Hexen sehen anders aus.«

Die schöne, kleine Frau nimmt einen Spiegel und Puder aus ihrer Handtasche. Dann pudert sie die niedliche Hexennase und sagt: »Spieglein, Spieglein in der Hand, wer ist die schönste Hexe im Land?«

»Na, du natürlich«, antwortet der Spiegel.

Moritz staunt, denn er hat noch nie einen sprechenden Spiegel erlebt. »Klappt das immer?«, fragt er.

Beim zweiten Mal antwortet der Spiegel auf die Frage, wer die schönste Hexe ist: »Ich hab's doch eben schon gesagt. Natürlich bist du die schönste Hexe im ganzen Land. Aber vielleicht kannst du mal was anderes fragen. Mir beschlägt's das Glas vor Langeweile, wenn du immer das Gleiche wissen willst. Ich bin schließlich ein intelligenter Spiegel und kein Papagei, du alte Puderhexe.«

Die schöne Hexe sieht ihren frechen Spiegel streng an. »Früher haben Spiegel nur geantwortet, wenn sie

gefragt wurden«, sagt sie, »und sonst sind sie ruhig gewesen, verstanden!«

»Früher haben Hexen auch wie Hexen ausgesehen«, meint der Spiegel. »Buckel, Warzen und so, du weißt schon. Und sie haben nicht ständig solche Fragen gestellt und nach Puderdöschen und Cremetöpfchen gegriffen und sich was um die Nase geschmiert. Außerdem sind sie auf Besen durch die Luft geritten und nicht . . .«

»Sofort bist du ruhig«, befiehlt die Hexe und steckt ihren ungehorsamen Spiegel in die Tasche zurück.

»Und ich kann trotzdem nicht glauben, dass du eine Hexe bist«, sagt Moritz. »Obwohl ich es bestimmt gerne möchte, denn ich stelle mir Hexen ziemlich interessant vor. Aber du siehst überhaupt nicht hexig aus.«

»Kinder waren früher auch anders«, seufzte die Hexe. »Zu denen hat man gesagt: ›Ich bin eine Hexe.‹ Die haben's geglaubt und mit den Zähnen geklappert.«

»Unser Nachbar klappert auch mit den Zähnen«, fällt dem kleinen Moritz ein. »Der hat nämlich ein falsches Gebiss im Mund. Hatten die Kinder früher falsche Zähne.«

»Nein«, schimpft die Hexe. »Sie hatten Angst vor Hexen. Deswegen klapperten ihre Zähne.«

»Kann ich gern mal probieren«, meint Moritz und versucht es. Aber seine Zähne klappern überhaupt nicht. »Siehst du«, sagt er. »Du bist keine Hexe, meine Zähne klappern nicht.«

Da springt die Hexe aus dem Schrank, rennt durch den Flur, rauft sich die schönen Haare und ruft: »Furchtbares Kind! Muss ich mir das gefallen lassen? Meine Urgroßmutter war noch Bilderbuchhexe mit allem Drum und Dran. Meine Großmutter war königliche Oberhexe. Ihr Mann war oberster Hexer in der Hexenschule! Kann ich denn was dafür, dass ich so schön bin? Keiner glaubt mir, nicht mal der kleine Moritz.«

»Bitte, nicht traurig sein«, tröstet Moritz sie. »Du musst verstehen, dass ich das nicht glauben kann. Da könnte sich ja jede im Flurschrank verstecken und sagen: ›Huhu, ich bin eine Hexe.‹«

»Ich hab nicht ›huhu‹ gemacht«, protestiert die schöne Hexe. »Außerdem muss ich dir mal eines sagen: Hexen heißen Hexen, weil sie Hexen sind und hexen können.«

»Dann hex doch was«, schlägt Moritz vor. »Wenn das klappt, glaube ich dir. Am besten, du reitest auf dem Besen durch die Luft. Soviel ich weiß, tun Hexen das normalerweise.«

»Wir Hexen von heute benutzen keine Besen mehr«, sagt sie. »Ich hab dir doch vorhin schon erklärt, dass ich auf dem Staubsauger durch die Luft reite.«

»Nur wer auf Besen reiten kann, ist für mich eine richtige Hexe«, sagt Moritz. »Hier ist einer.« Er zeigt auf einen Handbesen, der im Schrank hängt.

Die Hexe wirft dem kleinen Moritz böse Hexenblicke zu. Dann gibt er nach: »Na gut, meinetwegen. Muss ich doch wirklich auf so einem unbequemen Ding reiten, nur um diesem Kind zu beweisen, wer ich bin.«

Sie pudert sich noch einmal die Nase. Moritz überlegt, ob man mit gepuderter Nase besser auf dem Besen reiten kann. Etwas beleidigt schwingt sie sich auf den Handbesen. Es knallt und zischt.

»Das ist der Hexenzauber«, ruft sie mit dumpfer
Stimme. Und weil Moritz findet, dass der nach
Schwefel riecht, öffnet er weit das Fenster.

Wirklich, sie kann auf einem Besen durch die Luft
fliegen. Aber es klappt nicht gut, denn der Besen ist
störrisch wie ein Esel.

Sie ruft: »Willst du wohl!« Nach kurzer Zeit jedoch
will der Besen wohl überhaupt nicht mehr und wirft
sie auf den Boden. »Ein wilder, bockiger Besen!«,
schimpft sie. »Zu klein und sehr ungehorsam. Na ja,
im Besenreiten bin ich eben ziemlich aus der
Übung.«

Höflich hilft ihr der kleine Moritz beim Aufstehen
und sagt: »Ich glaube dir jetzt, dass du hexen kannst.

Und ich freue mich, dass du bei uns bist. Ich habe nämlich noch nie eine richtige Hexe gesehen. Fliegst du mir jetzt was auf dem Staubsauger vor?«

»Gern«, sagt sie freundlich. »Auf dem Staubsauger sitzt man wirklich viel gemütlicher als auf so einem dünnen Besen. Außerdem ist er schneller. Nur sehr alte Hexen benutzen heute noch Besen. Die kapieren einfach die Vorteile des Staubsaugers nicht. Dabei fallen sie ständig vom Besenstiel oder der bricht durch, weil die alten Hexen viel zu viel essen und so schwer sind, dass das kein Besenstiel aushält. Hach . . . wenn ich an meinen Staubsauger denke! Diese Luftlage!«, schwärmt sie. »Das rauscht nur so. Ich rase über Berge, Wälder, Schornsteine. Herrlich ist das.«

»Und alles mit unserem Staubsauger?«, wundert sich der kleine Moritz und fragt: »Könntest du erst mal für mich Staub saugen, bevor du losfliegst?«

Schon saust sie durch die Wohnung. »Platz da!«, ruft sie immer wieder und saugt sich vom Wohnzimmer in den Flur, dann durch die Küche und ins Kinderzimmer. Und schon ist sie fertig.

»Toll!«, findet der kleine Moritz das. Gerade will sie auf den Staubsauger steigen und durch die Luft reiten, da hören sie Schritte vor der Tür. »Meine Mutter«, sagt Moritz. Im nächsten Augenblick ist die Hexe mit dem Staubsauger schon im Besenschrank verschwunden. Moritz steht allein im Flur. Seine Mutter kommt in die Wohnung.

»Hast du das Staubsaugen geschafft?«, fragt sie.

»War ganz einfach«, meint Moritz. »Die Staubsaugerhexe hat mir dabei geholfen.«

Seine Mutter lobt ihn: »Habt ihr wirklich schön gemacht, die Staubsaugerhexe und du.«

»Das ist auch 'ne nette Hexe«, erklärt der kleine Moritz. »Ich muss dir unbedingt was von ihr erzählen.«

»Gleich«, sagt seine Mutter. Dann verschwindet sie in der Küche. Sie kocht Kaffee und holt den Kuchen aus dem Einkaufsnetz, den sie für sich und den kleinen Moritz mitgebracht hat.

Deutlich hört Moritz ein Hüsteln aus dem Besenschrank. »Was ist denn?«, flüstert er.

»Ich rieche Kuchen«, flüstert die Hexe zurück. »Kann ich was abhaben?«

»Ich heb dir ein Stück auf«, verspricht der kleine Moritz. Dann geht er zu seiner Mutter in die Küche. Sie stellt gerade den Kuchen auf den Tisch. Und Moritz sagt: »Vielleicht verstehst du nicht, was ich dir jetzt erzähle. Es ist bestimmt etwas schwierig für Erwachsene.«

»Fang schon an«, fordert ihn seine Mutter auf. »Ich werde mir Mühe geben. Wenn ich es nicht schaffe,

musst du es mir eben so lange erklären, bis ich es verstehe.«

Und dann erzählt Moritz die Geschichte von der
schönen, kleinen Staubsaugerhexe.

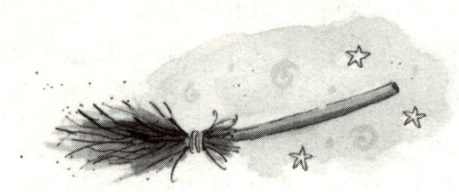

Moritz möchte erwachsen sein

Moritz soll schlafen gehen. Erwachsene haben es gut, denkt er. Die werden von niemandem ins Bett geschickt. Sie können aufbleiben, so lange sie Lust dazu haben.

Gleich darauf liegt Moritz in seinem Bett. Es ist fast dunkel bei ihm. Leise hört er die Eltern aus dem Wohnzimmer. Da knackt jemand eine Nuss und sie hören Musik. Zum Glück werde ich auch mal erwachsen, freut sich der kleine Moritz. Aber das dauert bestimmt noch über zehn Jahre. Und Moritz hat überhaupt keine Lust, so lange zu warten. Richtig ungeduldig ist er. Er möchte schnell erwachsen sein. Wenigstens mal für eine halbe Stunde.

Moritz drückt die Augen zu. Dabei versucht er sich vorzustellen, wie er als Erwachsener leben wird. Plötzlich hört er leise Geräusche und ein Räuspern. Als er die Augen öffnet, sitzt da ein Mann auf dem Stuhl und sieht ihn an. »Wer bist du?«, fragt Moritz den Mann. »Rate mal«, sagt der.

Der kleine Moritz steht auf. Im Schlafanzug geht er um den Sitzenden herum. Aber er kennt ihn nicht.

»Ich will dir verraten, wer ich bin«, sagt der. »Du wolltest doch wissen, wie du als Erwachsener leben wirst und wie du bist. Ich kann dir das genau erzählen, denn ich bin *du* . . . und zwar in sechsundzwanzig Jahren.«

Moritz schüttelt den Kopf. »Du bist also *ich* als Erwachsener«, wundert er sich. »Schwindelst du auch nicht?«

»Bestimmt nicht«, beteuert der Mann.

»Da bin ich ja schon ziemlich alt«, stellt der kleine Moritz fest.

»Vierunddreißig Jahre. Das ist doch kein Alter«, sagt der andere Moritz. »Ich fühle mich noch jung.«

»Du bist groß, richtig erwachsen und dann ist man nicht mehr jung«, meint Moritz dazu. Neugierig geht er um den Mann herum, der er in sechsundzwanzig Jahren sein wird. Er schaut ihn genau an. Das ist so, als könnte ich in die Zukunft sehen, denkt er. Dann setzt sich Moritz auf die Knie des Mannes. Komisch, eigentlich sitze ich jetzt bei mir selbst auf den Knien, fällt ihm ein.

»Du hast es gut«, sagt er zu dem Mann. »Bestimmt bleibst du abends lange auf und siehst dir jeden Film an, der dich interessiert. Und mittags bekommst du

das dickste Stück Fleisch. Ich möchte wirklich so groß
und erwachsen sein wie du. Du hast es richtig gut«,
sagt er noch einmal.

Aber der erwachsene Moritz widerspricht: »Du hast
es besser. Du kannst länger schlafen. Außerdem
musst du nicht den ganzen Tag arbeiten.«

Erstaunt schüttelt der kleine Moritz den Kopf und
sagt: »Hast du denn völlig vergessen, dass ich fast jeden Tag um sieben Uhr aufstehen muss? Und nach-
mittags sitze ich lange an den Hausaufgaben.«

»Stimmt, hatte ich wirklich vergessen«, gibt der Erwachsene zu. »Aber dir hilft man immer«, fällt ihm
jetzt ein. »Du schneidest dir die Fingernägel nicht
selbst. Die Haare wäschst du dir nicht, Schuhe putzt

dir die Mutter. Zum Finanzamt und zur Bank musst du auch nicht. Wenn was kaputtgeht, repariert man es dir, denn du bist beneidenswert klein.«

»Beneidenswert?«, fragt der kleine Moritz. »Du machst ja Witze. Du entscheidest alles selbst. Du weißt mehr und stärker bist du auch. Keiner wagt es, dich zu ärgern. Bestimmt fährst du ganz toll auf dem Fahrrad und schwimmst wie ein Fisch. Du kannst dich schmutzig machen. Du brauchst dir die Zähne nicht zu putzen. Und du ziehst an, was du willst. Kaufen darfst du dir alles. Du verdienst ja selbst Geld und bekommst nicht nur drei Mark Taschengeld in der Woche. Darauf bin ich neidisch.«

»Hast du eigentlich schon daran gedacht, dass ich mich gar nicht schmutzig machen möchte«, sagt der Große. »Das macht mir keinen Spaß mehr. Auch das Zähneputzen stört mich nicht. Stärker bin ich geworden, das stimmt. Aber mein Chef ärgert mich trotzdem. Und den kann ich nicht verhauen. Kaufen darf ich mir auch nicht alles. Meine Frau und die Kinder würden ganz schön schimpfen, wenn ich zu viel Geld ausgebe.«

»Wir sind verheiratet«, staunt der kleine Moritz. »Dann wohne ich in sechsundzwanzig Jahren gar nicht mehr bei meinen Eltern? Habe ich eigentlich eine großes Fass Nugatcreme für mich allein?«, will der kleine Moritz wissen.

»Nein«, antwortet der Mann. »Du magst Nugatcreme später nicht mehr so gern wie heute. Außerdem ärgern sich deine Kinder, wenn du das ganze Fass selbst leer isst. Und unsere Frau würde sagen: ›Iss nicht so viel von dem süßen Zeug, Moritz. Du wirst zu dick.‹ Aber sonst vertragen wir uns gut. Das kann ich dir ja schon mal verraten. Ich mag unsere Frau. Trotzdem streiten wir manchmal.«

Kinder werde ich haben und eine Frau, denkt Moritz. Er kann gar nicht mehr still sitzen, so aufgeregt ist er. Jetzt will er alles von sich erfahren. »Als Erstes musst du mir verraten, was ich zu Weihnachten bekomme«, verlangt er.

Der erwachsene Moritz überlegt: »Letztes Jahr haben wir die Kinderskier bekommen. Stimmt das?« Der kleine Moritz nickt. »Dann weiß ich, was dir die Eltern in diesem Jahr schenken. Aber soll ich dir das wirklich verraten?«

Moritz überlegt hin und her. Schließlich seufzt er und sagt: »Fast am schönsten an Weihnachten ist die Überraschung. Verrate mir nicht, was ich bekomme. Sonst überrascht es mich nicht mehr. Dafür musst du mir unbedingt erzählen, was ich für einen Beruf haben werde. Sind meine Lehrer nett im nächsten Jahr? Und bin ich selbst nett zu meinen Kindern?«

Immer mehr und mehr fragt der kleine Moritz. Der

Erwachsene lacht plötzlich, hält sich die Ohren zu und sagt: »Ich möchte dir das jetzt nicht beantworten. Spätestens in sechsundzwanzig Jahren wirst du das alles wissen. Wenn ich es dir jetzt verrate, brauchst du es ja eigentlich nicht mehr zu erleben.«

»Du bist gemein«, schimpft Moritz. Aber weil es schwer ist, mit sich selbst zu schimpfen, sagt er dann noch: »Insgesamt habe ich nicht direkt was gegen mich in sechsundzwanzig Jahren. Ich glaube, du bist ganz nett. Leider verrätst du so wenig.«

»Ich gehe jetzt«, sagt der Mann. »Ich wollte nur kurz vorbeikommen, weil du es dir gewünscht hast. Meine Frau wartet . . . Verzeihung . . . unsere Frau. Ich verschwinde wieder in der Zukunft.«

Dann steht er auf. Bevor Moritz zweimal geblinzelt hat, ist er verschwunden.

»Ich habe mir eigentlich vorgestellt, dass ich größer bin!«, ruft der kleine Moritz ihm hinterher. Er weiß aber nicht genau, ob der andere das noch gehört hat.

Moritz sitzt im Bett. Leider ist der erwachsene Moritz zu schnell verschwunden. Er hat es genauso eilig gehabt wie alle Erwachsenen. Jetzt überlegt der kleine Moritz, wie er sein möchte, wenn er mal groß ist. Und wie er nicht sein möchte, überlegt er auch.

Dann kommen seine Eltern ins Zimmer. Sein Vater sagt: »Warum schläfst du denn nicht?«

»Ich überlege mir was«, antwortet Moritz. »Ihr seid doch mal Kinder gewesen. Habt ihr euch damals auch vorgestellt, wie toll das sein wird, wenn man erst erwachsen ist?«

Die Eltern vom kleinen Moritz setzen sich auf die Bettkante. Dann erzählen sie, wie das bei ihnen war. Moritz denkt jetzt überhaupt nicht mehr daran, dass er groß und erwachsen sein möchte. Es gefällt ihm sehr gut, dass seine Eltern bei ihm sind. Später will er ihnen erzählen, wer ihn vorhin besucht hat und was der alles wusste.

Aber ausnahmsweise sind diesmal seine Eltern zuerst mit dem Erzählen dran.